一生必讀的999則智慧真理

鯰魚效應
達克效應
木桶原理

Introduction

用人生大道理開創新的人生大道
跨時代｜跨領域｜融匯古今｜中西互證

★ ★ ★

書是生命的源泉，是人類進步的階梯，而閱讀最大的目的就是想擺脫平庸，然而愛讀書的人都知道，讀書常有兩個困惑：

一是書海浩瀚如煙，常常不知從哪裡入手？

二是辛苦讀完就忘了，無法內化成自己的知識以備日後運用！

快速接收、快速忘記，是我們這個時代的特徵，因此若能精準解讀書中的重要概念，將其變為精神財富，就能「活用知識」、「活出見識」，擴大認知邊界。

王晴天大師以其四十年的人生體驗與感悟，效法孔子有教無類「述而不作」之精神，為您講道理、助您明智開悟！孔子一生致力於古籍的整理，也正因如此，他才有機會接觸到博大深邃的三代理論。他從中汲取到了前人留下的經驗和教訓，並對他們的智慧做出了全面總結，完全體現於其弟子及再傳弟子所著之《論語》一書，

蘊涵著豐富大智慧與人生哲理。

王晴天大師作為現代知識的狩獵者，平日極愛閱讀，也熱愛創作，是個飽讀詩書的全方位國寶級大師。雖然主修數理，但對文史與學習也有極大興趣，每天晚上11點到凌晨2點，為了鑽研歷史、趨勢新知等社會科學，他不惜犧牲睡眠。勤學之故，家中藏書高達二十五萬冊，博學多聞的他在向先賢們學習時，往往有許多新的感悟，與深刻而獨到的見解。時刻對「知」抱持謙虛的態度與情懷，探詢真理背後的真理，在閱讀並深入研究了數十萬本書後，王晴天大師析出了千百個人生必須要了解與運用的大道理，於是率智慧型立体學習知識服務團隊精選999個真理，彙編逾萬本書的精華內容，打造《真永是真》人生大道叢書，透過廣泛的閱讀和整理，內含數十萬種書之精華，並融入了上萬本書的知識點、古今中外成功人士的智慧經驗，期望能超越《四庫全書》和《永樂大典》，為您的工作、生活、人生「導航」，從而改變命運、實現夢想，成就最好的自己！

《永樂大典》和《四庫全書》都是由當朝聲勢最盛的皇帝號召天下之書上繳，集數千人之力完成的宏偉巨著，是國家傾盡全力而成的。

《永樂大典》是因明成祖朱棣覺得天下古今的事物分散記載在

各書之中，很不容易查看，便命大學士謝縉組織儒士，編成一部一查便知的大部頭百科全書。動用朝野上下共2169人編寫，歷時六年編修完畢。

《永樂大典》彙集了古今圖書七、八千種，上自先秦，下迄明初，包羅萬象，歷史、文學、書法、科技、醫術、農學、戲曲、軍事等領域無所不包，天文地理，人事名物，幾乎將明朝之前數千年的文化書籍全部歸納在其中，是世界上最早、最宏偉的百科全書。其被《不列顛百科全書》稱為「世界有史以來最大的百科全書」，正本11095冊，共約3.7億字，保存了14世紀以前中國歷史地理、文學藝術、哲學宗教和百科文獻，顯示了中國古代科學文化的光輝成就。可惜的是，於1900年八國聯軍入侵北京時，慘遭厄運，絕大部分被焚毀、搶奪，絕大部分已不知去向。《永樂大典》現存殘卷的規模尚不及原書的4%。

與之相對的《四庫全書》是中國古代最大的一部官修書，也是中國古代最大的一套叢書。是在乾隆皇帝的主持下，由紀昀等360多位高官、學者編撰，3800多人抄寫，耗時十三年編成的叢書，分經、史、子、集四部，故名四庫。總共收錄了上自先秦、下至清朝乾隆以前2000多年以來的3500多種重要書籍。包括古代所有的重要著作和科學技術成就。共有7.9萬卷，3.6萬冊，約8億字。

由於《四庫全書》內容太多，書的數量也太多，抄錄與校對工作成為編書過程中持續時間最長、花費人力物力最多的工作，僅抄書匠就廣招近4000人，參與古籍收集、整理、編輯的官員更是不計其數。

《四庫全書》是中國古代最大的文化工程，對中國古典文化進行了一次最有系統、最全面的總結，中國文、史、哲、理、工、農、醫，幾乎所有的學科都能夠從中找到源頭和血脈。呈現出中國古典文化的知識體系。《四庫全書》當時共手抄正本七部。因戰火波及，現今只剩三套半，而今保存較為完好的一部是文淵閣版本，現藏臺北國立故宮博物院。

《永樂大典》的編排方式類似於現代的百科全書，分類輯錄（摘抄）古代文獻，雖然偶爾也有全文收錄的，更多的是截取，再分類編排。《四庫全書》則是叢書，將文獻整本編入，收錄的都是完整的內容。

由於明成祖朱棣並沒有對《永樂大典》編纂的具體方式和內容做過多的限制，所以，《永樂大典》是把自古到當時所有的圖書全面搜集，將相關內容一句、一段或整篇、整部書地摘引抄錄下來，甚至同一事物的不同說法也都全部彙編，供人參考。而乾隆皇帝編纂《四庫全書》時借修書之機，把全國的書籍進行了一次全面、徹底的審查，大量焚毀那些對於清朝統治不利的古籍，並且對於一些涉及到敏感字眼的文章書籍進行大量的篡改。銷毀書籍的總數據統計為一萬三千六百卷。《四庫全書》所保留下來的大部分都是清朝皇帝乾隆想要讓我們看到的。由此可知《永樂大典》相對來說是比較客觀且包羅萬象的。

★ 超越《四庫全書》的「真永是真」人生大道叢書 ★

	中華文化瑰寶 清《四庫全書》	當代華文至寶 真永是真人生大道	絕世歷史珍寶 明《永樂大典》
總字數	8 億 勝	6 千萬字	3.7 億
冊數	36,304 冊 勝	333 冊	11,095 冊
延伸學習	無	視頻＆演講課程 勝	無
電子書	有	有 勝	無
NFT＆NFR	無	有 勝	無
實用性	有些已過時	符合現代應用 勝	已失散
叢書完整與可及性	收藏在故宮	完整且隨時可購閱 勝	大部分失散
可讀性	艱澀的文言文	現代白話文，易讀易懂 勝	深奧古文
國際版權	無	有 勝	無
歷史價值	1782 年成書	2023 年出版 勝 最晚成書，以現代的視角、觀點撰寫，最符合趨勢應用，後出轉精！	1407 年完成 勝 成書時間最早，珍貴的古董典籍。

 當代版更先進的四庫全書出版了

這兩大經典巨著，一套已大部分遺失，一套珍藏在故宮，不是我們能輕易擁有的。而智慧型立体學習體系與王晴天博士聯手打造

的《真永是真》人生大道叢書，媲美清朝的《四庫全書》，兼顧實用與經濟實惠，人人都能輕鬆擁有！

《四庫全書》是中華傳統文化最豐富最完備的集成之作，其收錄先秦到清乾隆前期的眾多古籍，內容多是當時代的歷史、國學古籍，然不夠客觀與宏觀，有些已不合時宜，不符現代人所需與運用，珍藏價值大於實用度。

《真永是真》人生大道叢書，將是史上最偉大的知識服務智慧型工程！堪比甚至超越《四庫全書》、《永樂大典》，收錄的是古今通用的道理，談的是現代應用的知識、未來的趨勢……具實用性的人生大道，是跨界整合的知識——涉及了心理學、經濟學、管理學、社會學、賺錢學、創業學、經典文學……無所不包，以全世界為範疇，古今中外的所有理論、思想為核心，由於當代2億多種書無法重複抄錄，所以王晴天大師帶領其編輯團隊及各界專家，抽其各領域精華集結成冊，解決您「沒時間讀書」、「讀書速度很慢」、「讀完就忘」、「抓不到重點」的困擾，教您如何跨領域地活用知識，能應用在生活、學習、工作、事業、管理、人際、溝通等不同面向。除了大家耳熟能詳的經典真理、定律之外，科技新趨、經典書籍、電影等文化資產也會選列，例如內捲漩渦、第一性原理、《塔木德》、《為你朗讀》、Web4.0……等。像是第14個道理將帶

領讀者走在世界最前端，帶您了解「量子糾纏」。2022年10月4日諾貝爾物理獎得主艾斯佩特、柯羅瑟和吉林哲，三位科學家各自進行糾纏光子（entangled photons）實驗，確立可違反貝爾不等式，大力推進量子資訊科學的研究。他們通過開創性實驗，向世人展示研究和控制量子糾纏（quantum entanglement）狀態下的潛力，為量子技術的新時代奠定了基礎，他們的研究不僅證明了愛因斯坦是錯的，還為今天的量子計算、量子通信等科技奠定了基礎。書中除了解析還教你如何應用、如何全方位融會貫通，提升個人軟實力，落實於生活與事業中！

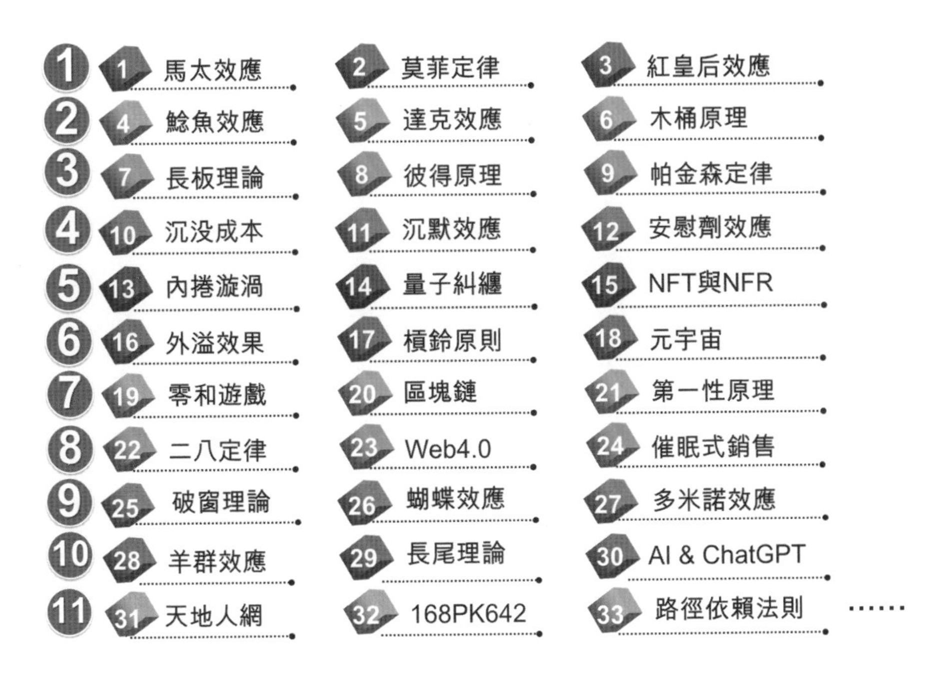

把大師請回家・隨時為您解惑！

讀萬卷書，不如行萬里路，行萬里路，不如閱人無數，閱人無數，不如名師指路，名師指路，不如跟隨成功者的腳步，跟隨成功者腳步，不如高人點悟！經過歷史實踐和理論驗證的真知，蘊藏著深奧的道理與大智慧。《真永是真》人生大道叢書，條條是經典，字字是真理！這套書共有999個真理、333本書，提供您與時俱進、系統化的真智慧！除了有實體書本，每一個真理均搭配書籍、視頻、課程等同步發行NEPCCTIAWSOD。未來還會有專輯式的分類，推出彩色版Mook系列：心理學／經濟學／賺錢學／社會學／管理學／致富學／創業學……等。此外每年的11月晴天大師生日時舉辦「真永是真·真讀書會」知識型生日趴，除了滿是乾貨的最新應用真理與前端趨勢演講，還能享有免費午茶、蛋糕吃到飽，並廣邀領袖大咖與會，有機會與大咖面對面交流，是您一定不能錯過的知識饗宴！有興趣者可掃QR碼報名。

《真永是真》人生大道叢書自2023年～2050年期間，將由四代編輯共同完成，本套書將以電子書、有聲書等各式型態多元完整地保留下來，後人若有興趣、意願改編也可以，王晴天博士已聲明將放棄版權，歡迎後人或機構擴編使其完善！

透過《真永是真》人生大道叢書，在晴天大師的引導下，帶您一次讀通、讀透上千本書籍，助您將學識提升為智慧，解你的知識焦慮症！讓您不僅能「獲取知識」，更提點您「引發思考」，化盲點為轉機，進而「做出改變」，獲得不斷前進的原動力。這套「真永是真」提供您360度全方位學習，保證能為迷航人生提供真確的指引，教您找到人生的方向並建構 π 型人生與斜槓創業賺錢術，從平凡走向超凡的人生大道，面對AI新世界，終將無可取代！是值得您傳家．傳世．傳子孫的經典！

邀請您一同追求真理，分享智慧，慧聚財富！

智慧型立体學習．創見文化

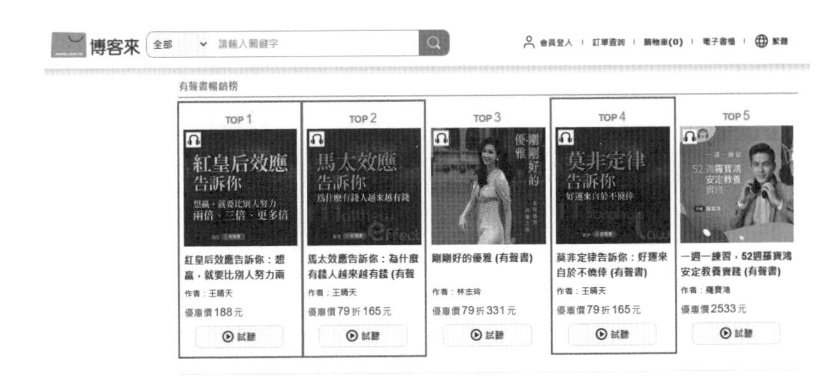

▲真永是真有聲書在博客來霸屏。

用知識換不惑，用真理見真純！

★★★

書是人類智慧的精華，亦是人類將知識代代相傳的工具。然現今資訊更新迅速，書的種類越出越多，出版的速度也越來越快，使得人在浩瀚書海中，難以有效率地找到符合自己需求的知識。這套《真永是真》人生大道叢書因應時代變化、原有思維模式改變而出版，本系列套書集結了王晴天博士的人生經驗和體悟，對於書中歸納的理論，也有與眾不同的詮釋與獨到的見解，他用不一樣的角度來剖析這些真理與定律，發掘更多應用的面向，使得我在閱讀《真永是真》叢書時，腦海中一直閃現亮光，思維變得更加靈活開闊，對於生活的難題以及人生困境，有了新的啟發與披荊斬棘的勇氣。我相信並真摯的推薦，《真永是真》是美好人生的「導航」，是解決問題的百科全書，用知識換不惑，用真理見真純。

我與王晴天博士相識已近三十年，對於他的為人，甚為熟稔。

不論是與他商討公司運營事宜、未來方向、私下閒談，博士說起話來滿是金玉良言，字字珠璣，令我如沐春風，受益匪淺。好學不倦的他，總是樂於在書堆中挖掘真理，時常讀書寫作到三更半夜，對於探索知識與智慧的渴望，真可謂狂熱。他涉獵的領域甚多，舉凡數理文史哲皆難不倒他。上知天文，下知地理，可以說是一位學富五車的當代儒士。他不僅讀萬卷書，更有數十年的人生經歷，其對世界的認識和體悟，何其深廣。這套《真永是真》可謂王晴天博士的學問結晶，它猶如一把鑰匙，為您開啟智慧的大門、知識的殿堂，絕對能幫助現代人解決人生幾乎所有的疑難雜症！

《真永是真》人生大道叢書不但內容完整，有333冊紙本書、電子書、有聲書，甚至提供Vlog視頻、演講課程，讓讀者能以多元的方式學習現代人應當必懂的真理。書中提及的理論與原則甚多。這些東西看似深奧難懂，其實在生活中隨處可用，隨時可見。「真永是真」結合道理與事例，內容深入淺出，敘述流暢，論證有力，藉由實際又生活化的事例，來印證這些道理的價值與實用性。只要一開始閱讀，就會停不下來，只要開始買一本，就會想要收藏全書系。這魔力般的效應，邀請您一同來體會。

學習是一生之久的事，閱讀更是豐富心靈及拓展思維的最佳

途徑。一本值得閱讀的好書，乃是文字化身的良師益友。《真永是真》套書能帶給讀者知識的亮光，帶領讀者認識世界與人生。甚至可說，這套《真永是真》可讓愚昧人變智慧人，使凡夫俗子變知識份子。這套書亦可讓讀者在瞬息萬變的世代，不斷提升自我、突破思維界線，增加競爭力，成為無可取代的人，成就你自己想要的人生！

智慧型立体學習體系總編輯

歐綾纖

終身學習與世界同步進化

★★★

王晴天董事長是我的第一位老闆，應該也會是唯一的老闆！是我的事業教練、人生導師！跟在王董身邊做事多年，除了學習到出版的專業，還能學習到出版範疇外的新知識、新趨勢與人生大智慧，因為王董是熱愛學習、博學多聞的，對於全球新知總是即時更新，跟著世界同步，例如在ChatGPT剛一推出，他就與我們編輯分享這一軟體應用的利弊。而我們總是常常半夜就能在line或mail收到王董的短文分享或人生感悟。他不僅懂科學數理，對文史地理也瞭若指掌，他對知識的渴求、敏捷的瞬思力、動態思維，令我欽佩不已，其對社會與人生具有獨到且深刻的見解，總是能提出務實又切中要點的建議，稱王董為「活書櫃」，一點也不誇張。

「真永是真」一詞是出自張國榮《沉默是金》這首歌，歌詞「是錯永不對，真永是真……」，真正有價值的事物，經得起時間的考驗。值得我們學習的真理，是不會隨時間而改變的，能從古流傳至今。因而王晴天大師有感而發，遂效法孔子有教無類「述而不

作」之精神，親自主持編纂《真永是真》人生大道系列叢書，想以其四十年的所知所學、人生體驗與感悟，將古、今、中、外堪為借鑑與套用的真理、觀念、道理進行「重整」與「再詮釋」，與編輯團隊共同研究、統整、歸納，才有這套集成功學和心理學、社會學、管理學、經濟學、物理學、財富學……等包含各類向領域，釐清讀者的迷茫眩惑，經由知道→學到→得到，為您的工作、生活釋疑解惑，重導人生方向！

古代有《四庫全書》及《永樂大典》，現代則有《真永是真》。這三套書皆為知識匯集的結晶，而《真永是真》的內容十分貼近現代社會所需，能夠帶領讀者重新定位生活，找回自我，以「閱讀」探索多元樣貌的世界，從中探求人生與生活的突破口及掌握未來的趨勢。其包括的理論多達999種，例如：馬太效應、莫菲定律、紅皇后效應、蝴蝶效應、二八定律……等流傳百年的真理。另外，《真永是真》用語淺顯易懂，敘述流暢，論證有力，這套書就如一把鑰匙，為您開啟智慧的大門、是您吸收知識、活用知識的最佳解方，本本是經典，冊冊都是新世界，絕對值得您細細品味！

創見文化社長　蔡靜怡

用智慧的真理面對人生挑戰

★★★

這是一本介紹蘊含了大量智慧，用實際的理論與多元領域的知識去講述人生真理的書籍，如果能將這本書的內容熟讀，大量運用在現實生活中，就能明白各種日常可見的現象是怎麼發生，並知道要如何利用這些真理智慧去破解困境，更加彈性與靈活地去面對各種挑戰！

身為王晴天博士的多年好友，我曾受邀參加其生日趴讀書會，因此而得知了真永是真讀書會與相關系列套書，並有幸拜讀了此系列的第一本作品《馬太效應、莫非定律、紅皇后定律》，隨著一頁一頁地仔細閱讀，我頓時有了醍醐灌頂般的感受，原來我們生活中曾經遇到、曾經發生的事情並非偶然，很多事情的發生必然有跡可循，各種錯誤或災害的發生，都能從過去的軌跡中找到真正的源頭！

在真永是真系列的第一冊中，介紹了對許多人來說耳熟能詳的紅皇后效應、莫非定律與馬太效應，這些是很多人或許聽說過，卻沒想到要應用在生活中或不知道要如何應用的理論，書中舉了許多可以幫助讀者輕鬆理解與應用的例子，並加入了從各種領域與身分的不同視角中對定理的解讀與使用方法，讓讀者們可以更加深入地明白這些道理背後所隱藏的真正價值。

第一冊中深入淺出的敘述方式以及實用性，都在第二冊的內容中保留了下來。本書介紹了屬於管理學範疇的「鯰魚效應」、社會心理學中的「達克效應」以及由農業學領域發展而來的管理學理論——木桶原理，這些定理來自不同領域，但書中並非死板地以它們所屬的範圍去進行解釋與應用，就算是企業管理學中的鯰魚效應，也能成為個人自我約束、自我警惕的參考；社會心理學中的達克效應，也能成為教育者與學生做自我規劃與班級管理的依據，還有本身就跨越了兩個領域、在許多場合與範圍都能夠應用的木桶原理，都具有非常高的實用性。

過去在接觸這些效應與現象時，我們常常都是用粗淺的理解去看待這些知識，例如：在網路上知道了達克效應的相關資訊時，就

直接將達克效應當成諷刺自以為是的人最好用的素材；看到鯰魚效應的內容時，直接認定鯰魚效應是管理者才需要學習的知識，因此止步於「知道有這樣的管理手段」，而未能進一步了解上司會如何使用相關的手段操控我們，以及受到影響之後要如何反制，讓自己能更游刃有餘地面對上司們的手段。因為要深入挖掘這些知識的價值，就需要大量收集資料並耗費許多時間進行思考，所以即便這些理論能讓人更有能力、培養更正確的觀念去應對大環境的壓力與競爭，但一般人還是很懶得去研究、發現這些知識的實用之處，而這本書為我們節省了蒐集資料的時間與精力，讓我們能更夠更簡單有效地了解這些理論會如何發生在我們的生活中，以及要如何破解這些理論帶來的影響並正確地運用。

除了真正了解這些定理、效應的意義之外，本系列叢書還能幫助讀者塑造一個更加重要的觀念，那就是：沒有什麼道理是絕對正確的，也沒有什麼道理是只能用在一個方向上的，這些理論都是基於人的研究與歸納而產生的，最終勢必也要回歸到人類的社會之中，而人與人之間的相處方式與造就的結果是彈性且多變的，並非條列式的理論所能束縛、設立框架的，所以不論是什麼學說，都要回到人的身上去思考，以更加靈活和柔軟的心態去面對，將所學的

知識真正吸收，在生活中各種想得到、想不到的方方面面中落實與應用，以此帶來與過往完全不同的精彩人生。

我衷心推薦這本書，相信大家都能跟我一樣有所收穫，希望這本書能夠幫助大家學習更多的人生真智慧，並在未來遇到困難與困境時，能夠用更加多元與豐富的方法，去解決過往無法解決的人生難題！

風華集團總經理　柯明朗

智慧是別人搶不走的寶貴資產

★★★

知識就是力量！出書則是力量的展現！智慧又是知識的昇華！然而多少曠世鉅著已被大多數人束之高閣？偌大的知識體系乏人整理編輯，其強大的知識力也就難以發揮了！所以有系統地出書灌溉了知識與智慧的活水，希望能有更多讀者願意把這套書翻開、買回家、繼續讀！這樣知識就有了生命力！智慧於焉誕生。

智慧為世上最珍貴的東西，別人搶不走的寶貴資產。我在書寫這套叢書時，不時會想起孔子有云：「述而不作，信而好古」。何謂「述而不作」？「述」意指敘述，「不作」則指不創作。「述而不作」即為敘述已存在的真理，而不創造新的理論。事實上，真理是永恆不變的，不會隨著時間變遷而被淘汰。而我寫這套書僅僅是蒐集、整理能應用於當今社會之智慧，再現其寶貴與價值。換言之，這套書僅是利用早已存在的道理，來啟發讀者，如此而已。

另外，知識的取得，早已不限於紙本書。隨著科技發展、時代進步，學習的方式與素材也變得更多元，舉凡影音平台、線上講座，皆為吸收知識的途徑。為了符合當今的趨勢，我以NEPCCTIAWSOD為發展方針，盼望以不同的方法，來傳播各種知識，使學習這件事變得更為輕鬆方便。

NEPCCTIAWSOD乃若干英文單詞字首字母之縮寫，表示我司提供的知識學習平台：NFT〈N〉、電子書〈E-book〉、紙本書〈Paper〉、簡體書〈China〉、影音說書〈Channel〉、培訓〈Training〉、國際版權〈International〉、有聲書〈Audio book〉、作家〈Writer〉、講師〈Speaker〉、眾籌〈Other people's money〉開放式平台以及直效行銷〈Direct Selling〉。藉由多樣化的工具，讓

知識能夠被更多人吸收，不受時空限制，KOD和WOD都能成為最有價值的商品、投資自我的最佳選擇。我希望NEPCCTIAWSOD能以知識服務更多華人，讓學習成為潮流，使人享受充實自我之樂趣。若NEPCCTIAWSOD能幫助更多人加入多元學習的行列，對我而言，實在與有榮焉。

我由衷希望，這套《真永是真》能帶給讀者幸福、璀璨的人生，並能讓人體認到真理的可貴之處。願《真永是真》套書能成為讀者生命中的明燈。能透過此套書，來與眾讀者分享我的知識與人生經驗，真是一大樂事。我也相當高興可以出版《真永是真》，為真理的匯集和知識的傳遞，獻上一己之力。

王晴天

於台北 上林苑

Part 1 鯰魚效應 CATFISH EFFECT

What & Why
理解定律

How & Do
如何破解

Part 3 木桶原理 CANNIKIN LAW

Cannikin Law

PART

鯰魚效應

這個效應最早的起源於漁業捕撈技巧，

一種為了使魚類保持新鮮而發明的方法。

生於憂患而死於安樂！

有競爭才有活力，才有發展。

CATFISH EFFECT

鯰魚效應背後的故事

★★★

鯰魚效應（Catfish Effect，又稱 Weever Effect）是一種管理學上的心理學策略，指的是在一個逐漸穩定化、工作團隊氛圍變得安逸和怠惰時，透過引入、提拔強者，使其他成員產生危機意識，藉此激發弱者加強工作效率與工作強度的一種做法。

這個效應最早的起源是來自傳說中的漁業捕撈技巧，一種為了使魚類保持新鮮而發明的方法。沙丁魚在挪威人的生活與文化中有著不可替代的重要性，這種魚富含蛋白質與脂肪，雖然肉質細膩美味，但在死後會快速氧化變質，只能在魚死亡後迅速地進行醃漬處理，醃漬會使得沙丁魚的口感大打折扣，也因此與新鮮的活魚有著天差地別的價格。沙丁魚在長途的返航路程中，會因為處在封閉的環境裡而導致活動力逐漸下滑，許多捕撈者在回到碼頭之前就會發現大多數的魚都已沒了氣息，而少數活著的魚也會失去活力，進入魚貨市場的時候幾乎所有的魚都已經死亡，很

少能看見倖存下來的沙丁魚。當時有漁民將鯰魚放入沙丁魚的保存魚槽中，鯰魚進入魚槽之後，會在陌生的空間裡四處游動。當屬於食物鏈底層的沙丁魚發現魚槽中出現了不明的生物後，會迅速進入緊戒狀態，不間斷且快速地游動以求保命，並在這種求生狀態下維持活力，因此而存活下來，以活著的狀態回到港口，讓漁夫們能得到更多的收益，這就是「鯰魚效應」最早的來源。

這種捕魚技巧的說法也在日本出現過，據說當地的漁夫在釣捕鰻魚的時候，會將淡水區域的兇猛魚類——狗魚丟入鰻魚的存放區中，當鰻魚感受到狗魚帶來的威脅時，就會快速逃竄，因此得以長久地維持生命力。有些人對於這種捕魚技巧的真實性存疑，這些說法是真是假我們暫且不談，但若是將這樣的做法延伸到管理學上還是有它的意義存在的。這種理論用在團體中，就是希望通過一個陌生個體的中途介入去刺激變化很小、組成者固定的環境，以此對舊有的群體成員產生威脅並起到競爭作用，完成激勵群體的目的，這是一種企業在人力管理上可操作的機制，在某些團體中也確實帶來了一定的效果，據說本田汽車的創始人也是用這種方式來鼓舞士氣，他引入了其他公司的年輕人才，由這條鯰魚去激起全公司上下的工作熱忱與壓力，帶動了企業中所有人的幹勁，使他們產生危機感，為了不被淘汰而努力。本田先生在有了第一次的成功經驗後，經常複製同樣的做法，讓全體員工

都長期維持在競爭狀態中，保持公司的長期競爭力。

新加入的競爭者就是群體中的鯰魚，新成員的參與可以使團隊原有的成員產生危機意識，因而打起精神、力求進步，整體的士氣也就跟著提升了。這種方法會運用在現代人力資源管理的領域中，用來改變員工過於安逸的狀態，促使他們改進、加強自己的工作效率和個人能力。

當一個組織的運行達到了一個非常穩定的狀態時，團體內部的成員會因為失去競爭意識而降低工作的積極性，使集體變成低效率的作業狀態，當這種狀況出現時，「鯰魚效應」將發揮關鍵性的作用。一個組織中存在著一個如同鯰魚般的存在，就能讓舊成員為了避免被淘汰而更加努力。

鯰魚效應除了用在企業中，也可以用在班級、產業等以團體性質存在的單位上，由更加優秀的個體向其他人群施加一定壓力，促使一個群體可以更快地進步，而不是一直停滯不前，毫無改變。

What & Why 2

突發性刺激，破壞原有的平衡

★★★

要打破因為達到平衡而缺乏競爭的安逸狀態，就必須製造人為的刺激條件，去破壞一個環境在自然發展的情況下勢必會出現的穩定狀態。

鯰魚效應的應用會出現在團體之中，例如：一個班級的孩子成績位在同一水平，沒有任何一個人的成績相對突出、高於其他同學，如果此時轉來了一個明顯成績優異許多的學生，那麼原先屬於中上甚至前段的學生們為了保持領先地位，會開始加強用功，以求超越空降而來的轉學生，避免屬於自己的獎勵與資源就此轉移。

這些被拉入團體競爭中的優秀外來者就是所謂的「鯰魚」，他們就如同進入了一個滿是沙丁魚的團體，打破了群體中原本就已經達到的安穩狀態，他們的出現讓原本一直處於封閉環境的沙丁魚們知道：若是不奮力向前游動，比鯰魚游得更快、更靈活，那麼隨時都有可能必須面對這個突然出現的外來天敵，變成被捕食的對象。而團體中原本的成員們像是被刺激的一群沙丁魚，他們會從停滯的狀態中察覺到空降者和被提拔者的優秀能力，並且進一步發現資源可能被分走、被奪取的事實，為了不要被踢出一個自己非常重視的群體（怕被裁員、被拉出資優班等），沙丁魚們就會開始進入一種鬥爭的狀態，一是加強能力以確保自己不會成為被淘汰的「最後一人」，二是增加工作效率，確保本來屬於自己的資源不會被轉移（加薪機會、升職機會等）。

這種概念屬於企業管理的範圍，是一種人力管理的技巧，管理階層的主管們可以利用這種理論，有效地加強全體成員的積極性。若透過鯰魚效應來看一個公司的生態，守著舊有的工作不做改變、得過且過的員工就是沙丁魚，他們在日常的作業上因循守舊、缺乏創意思維，也不願意學習新的工作技術，沒有用新技能提高整體工作效率的意願。對他們來說，現階段的職場環境已經是一個舒適圈，所有人在裡面各司其職，只要每天都維持一樣的工作強度，就能在不改變現有能力的情況下去負擔每日被安排的事項。

維持所有人工作的穩定度對企業來說確實是重要的，但只要公司有著擴張版圖的野心，就需要所有內部成員在維持穩定的同時再往前精進一步，用更強的實力和更多的工作熱誠去推動公司的進步和發展。除此之外，近年來越來越發達的科技推動著整體社會向前，迫使各種不同領域的公司都必須開始做出改變，只追求穩定已經不足以面對時代變革。在這樣的時代趨勢下，更有精神、有效率的團隊是維持一家企業生存的基礎，若是公司成員還維持著原先的工作強度，那這家公司勢必要面臨競爭失敗而被淘汰的命運。

為了避免變成產業發展時被拋下的犧牲品，企業管理者需要即時改變基層人員怠惰、安逸狀態的管理方法，此時最好的方式就是利用鯰魚效應，讓毫無競爭動力的成員「起死回生」。

 鯰魚效應在企業上應用的優點

鯰魚效應是個激發員工活力的有效做法，引進新血能夠從兩個方面為企業帶來益處：

第一個是引進新的技術、工藝，這些從外部進來的優秀人員通常比已經在企業內服務許久的員工更加年輕，他們在進入職場前從校內或校外培訓單位能學到更多新的事物，不論是對新科技、新的管理學概念還是新技術或設備的運用，他們都已經相當得心應手，可以在他們加入公司後將這些技術一起引進。

第二個就是鯰魚效應真正想要達到的效果：在團隊內放入有

活力且年輕的成員，他們的思緒跳脫、靈活，比起一直用舊觀念處理事情的資深員工，他們能夠用更輕鬆的方式工作，面對問題時也能更彈性地去處理。這些人一進入職場，就能讓懶惰的員工和剛愎自用的主管瞬間感受到刺激與挑戰，在新出現的競爭壓力下不得不打起精神，去認真面對突然降臨的壓力。

站在一個企業的主要管理者角度去看，將「可能被淘汰／被取代」的疑慮種入既有員工心中，可以讓本就努力的人發揮出120%的能量去工作、讓變懶散的人重新回到初始的狀態，更重要的一點是可以鑑別出真正的冗員，如果是在刺激下依然不願努力、不想精進個人實力的成員，就要考慮適時地將之從單位中請離，把對集體沒有貢獻的人裁除，留下位置給更有能力的後來者。

鯰魚效應是一種增加個體危機以保證群體安全度的做法，也就是說，團體的個人會因為這種被替代的不安全感而加倍努力，因此讓企業從被行業趨勢淘汰的危機中逃脫。

從集體社會的視角中，引進新技術的優秀公司、有著多元思維的年輕團隊也是一種「鯰魚」，他們成為推動一個產業往前走重要力量，取代老公司在市場上的領頭地位，除非老公司察覺到這股力量並作出應對，否則就會成為被鯰魚淘汰的沙丁魚，慢慢被市場篩選掉，成為進入新平衡前被時代趨勢剔除的倒閉企業。

掌握加入鯰魚的時機

★ ★ ★

應該引入鯰魚的時間點

雖然根據鯰魚效應，加入鯰魚一般的人物可以很好地提升整個公司的活力和積極度，但如果沒能好好把握放進鯰魚的時機，就可能造成反效果。一般來說，最適合放入鯰魚的時機有以下兩個：

1 團隊環境、工作內容、性質長期沒有變化

如果一個團隊已經很久沒有進行人員的調整，像是人數一直沒有增加或刪減，或者主管和基層很久沒有進行薪資的上升或降低、職位沒有更動等。在這種時間點引進有能力的新人，或者將優秀的原基層人員向上提拔，他們都會成為鯰魚型人物，為長久安於現狀、隨時間流逝而麻痺的成員帶來競爭壓力。

❷ 當休克魚明顯影響團隊目標時

有時候雖然沒有經過很長的時間，但相對於變動性大、需要經常與其他產業接觸的公司型態來說，那些業務類型固定、整體氛圍較為封閉的企業環境更容易讓人喪失警戒心，並逐漸習慣安逸的日常工作。此時的員工很明顯是處在失去工作熱情的狀態，他們開始機械式地完成自己手邊的工作，不會再像之前一樣將團體目標放在心中，對他們而言，只要能夠拿到薪水，公司的前景如何並不是他們要去關心的一件事。這樣的情緒和態度是會傳染的，當有這種想法的成員逐漸增加，沒有活力的「休克魚」充斥整個企業的「魚槽」，就會開始危害到團隊的目標，降低整個公司的發展前景。此時就必須在環境中放入一條鯰魚，為團隊的成員帶來突然的威脅，成為再次推動整體前進的動力。

若是有員工在面臨競爭刺激也無法振作起來，就要好好考慮他們跟團隊的契合度，去思考是否要請他們離開，另謀更適合他們的工作崗位了。

鯰魚效應的錯誤使用方法

鯰魚效應是個很好的管理手段，它利用了人天生就具有的競爭心理以及生物面對優勝劣汰時會有的反應，而設下環境條件，

使人們的生物本能被人為地喚醒，進入了遠古時期為了避免被獵食、被超越而出現的警醒狀態。雖然這種做法能在某種程度上為團體帶來益處，但在錯誤的時間和錯誤的使用之下，不但無法帶來適當的刺激，反而破壞了穩定，使各成員間為了適應新挑戰而出現不良反應，造成了反效果。

1 適度加入鯰魚

將「鯰魚」加入的目的是要適度刺激現有職員，所以要控管好競爭壓力，控制好引進和提拔的數量，以免引起團隊的整體波動。一般來說，捕撈船上的魚槽不會放入太多鯰魚，因為過度的刺激不僅不能讓沙丁魚維持活著的狀態到達市場，還會導致魚群出現應激反應。當沙丁魚因為受到過度驚嚇而出現衝撞、自殘的情形時，牠們會因此而受傷，甚至出現大量死亡的現象。跟沙丁魚群一樣，員工們在職場中必須維持一定程度的穩定，即使團隊中出現人員變動，也不能像是大改革一樣加入大量新人，或者一次性將基層員工向上位調動，否則會讓既有員工對公司的決策產生猜忌。

一是懷疑公司有人事上的新安排，想藉著大換血改變未來走向；二是為了避免被大量新成員淘汰，過大的壓力導致大家為了業績而走向極端，紛紛使用不好的手段去惡性競爭，造成公司內部出現嚴重內捲化現象。

2 在團隊整體狀況良好的時候過早引入鯰魚

在團隊目前整體表現良好，多數人員積極性高的時候就引進「鯰魚」，會非常容易打擊團隊成員的熱情，並大大降低對團體的認同感，此時在積極的成員們心中會對公司的意圖有所猜測，認為公司對他們有意見或者失去了信任，所以才引入新成員，為的是在未來好把他們淘汰掉。這種疑問會導致「沙丁魚」對公司失去認同感，且因為心中存有「我隨時可能會被迫離開這家公司」的失落與憂慮，這時就會引發幾種面對壓力時的防衛做法：

第一個是將對工作的熱情轉變成攻擊性，因為此時與公司不再是一條心，加上「反正待一天是一天，總有一天會離開」的無所謂心態，所以他們會故意和主管唱反調，去抒發這種滿腔熱血被澆熄的憤怒。

第二個是讓公司能幹的中流砥柱失去對自己前途的期待，他們原本可能會認為自己有希望升遷、取得更好的位置，但因為其他同等能力的新人員加入，降低了他們升遷的可能性，讓他們被迫多出新的競爭對手，在這種抱著期待卻被打壓的情緒中，他們可能會傾向向外尋找機會，當其他公司願意開給他們更好的條件，或者能夠更有希望快速升遷時，他們就會放棄已經熟悉的工

作，選擇離職，跳槽到更好的公司去。

第三個是會讓積極的人快速進入消極懈怠的階段，因為比自己優秀的人才快速增加，原本靠著勤奮就能表現突出的情景不再出現，在這些強者能力壓制的窘境下，他們即便用盡全力也無法得到任何機會，那些機會只會屬於這些空降的翹楚。於是他們就變成了真正的「死魚」，抱著「讓那些優秀的人去做吧」、「我做得再多也不會有人看到吧」的想法做一天和尚敲一天鐘，得過且過地待著，直到公司裁員裁到他們為止。

3 一次引入過多的鯰魚

職場中的鯰魚型人物一般都具有創新、新奇的思維模式、觀點或處事方針，所以引入適當數量的鯰魚型人物去刺激環境，能激發舊有成員學習如何創新與接受風格轉換的改變，但這些帶來刺激的鯰魚往往都帶有特立獨行與強勢的特徵，所以他們容易不受控制、以自己的愛好行事，如果職場中只有一、兩個這類型的人還好，如果同時有十多個鯰魚型人物加入一個穩定的團隊裡，就容易造成團隊中原本的「沙丁魚」被全部吃掉、團隊裡的穩定也會被全部破壞掉，改變了環境的平衡，造成職場的集體氛圍呈現出被破壞後的頹喪和委靡。所以，要在一個團體或部門中加入鯰魚，就要控制好這些新刺激的數量，避免讓原先的成員感受到過大的壓力，這樣沙丁魚們就沒有辦法提起精神向外來的新力量去做挑戰並自我成長，他們只能感受到絕望，直接進入休克狀態，開始等待自己被淘汰的那一刻來臨。

鯰魚效應與夕陽產業

★ ★ ★

被鯰魚效應淘汰的夕陽產業

鯰魚效應不僅僅會出現在一家企業上，只要是由社群組成的單位，都能用「鯰魚」去考驗，將對社會無用的事物逐漸消滅。企業這個小型單位再擴大延伸，就是產業這個大型群體了，產業間也會有「鯰魚」的存在，如果一個產業一直維持在一個如魚槽一般封閉的環境裡，就會逐漸失去競爭動力。處在死水狀態的產業會維持固定的服務項目，太過重複的業務型態會讓該產業的企業集體陷入麻木的狀態，直到其他具有相似功能的新產物出現時，他們就會直面被大眾遺棄的殘忍現實，從此一蹶不振，於是整個產業就成了時代的眼淚，造成夕陽產業的出現。被「鯰魚」淘汰的夕陽產業非常多，在臺灣，許多傳統產業都因為敵不過新興產業的挑戰，慢慢淡出眾人的視野，成為只有媒體報章採訪、報導時才會看到的專題。在遭遇鯰魚效應挑戰時無法有效改變，因此而沒落的傳統產業還不少，最典型的例子就是照相館。

★ 消失的照相館

在面對數位相機、手機的興起時，許多人開始傾向將照片以電子檔的形式儲存，一是因為只要圖檔存在，照片就能一直保存著，相比起實體照片，更能夠好好地將回憶儲藏起來；二是因為電子檔可以藉由網路、藍芽等方式分享，比起多洗幾份照片分給照片裡的所有人，不如將檔案傳送給大家，更能即時地將相片送到大家手上。對於新科技的發展，照相館沒能及時地去應對，太慢做出改變的結果，就是一個產業的沒落，照相館比起幾十年前已經少了許多，在大眾尚未察覺的時候就已經慢慢消失了。如今的街道上，已經很少能看到照相館，偶爾在路上發現時，還會感嘆一聲「現在越來越少看見了啊」，然後就這樣路過，不再多看一眼。

★ 苦苦支撐的油紙傘工藝

同樣面對困境的還有油紙傘產業，與照相館產業相同，現在的油紙傘早已經不再是生活必需品，路邊不再有大量的紙傘店可以購買紙傘，防水布材質的雨傘幾乎全面取代了傳統雨具產業，無論是網路還是路邊的雨具商店，都只剩下雨衣和布質傘，如今的油紙傘雖然經過大眾傳播及媒體管道，透過影音及文字對大眾灌輸了文化傳承的觀念，將紙傘產業與客家文化建立強力的連結，但還是沒逃過逐漸走向沒落的命運，全臺僅剩下不到十家的油紙傘工坊在苦苦地支撐著。目前這個產業靠著政府的輔助朝觀光合作的方向發展著，但這種模式還是存在著一定的上限：只要沒能破解經濟收入差、市場緊縮的問題，紙傘工藝就不會再有人願意去傳承，當這項手藝徹底消失時，就算有政府從旁協助，也阻止不了這個產業完全消失的必然結局。

因為鯰魚效應而獲得新生的產業

★ 受到重擊的傳統紡織業

與照相館和紙傘不同的產業是紡織業，他們成功抵擋住了來自「鯰魚」的威脅，從一度低迷、看起來沒有希望的前景中脫離，在全球化時代的變化中站穩腳跟，找到了不同於過往的新生之路。在九零年代時，因為資訊、通訊產業的興起，本來在紡織廠就業的大量人力開始逐漸轉移，導致工廠人力匱乏，加上國外低價勞力的挑戰，東南亞、中國大陸的人力資源比臺灣更加豐富，相比之下也更加便宜，因此許多成衣廠和紡織工廠就開始選擇外移至廉價勞力的地區，想從人力資源的項目中省下經費，用於其他項目的發展上。在這種時代背景下，臺灣的紡織業遭受了「新興產業」和「外來廉價勞力」兩隻大鯰魚的壓迫，曾經支撐起經濟的產業逐漸走向沒落，即使政府有心要扶持這項傳統產業的發展，也沒能找到有效的方法。

★ 救命的稻草——新時代機能布潮流

最近幾年，永續發展的議題和高機能的未來系概念逐漸興起，這波風潮就像是紡織業的救命稻草、讓差點熄滅的灰燼重新燃起熊熊烈火，成功地為臺灣的紡織工業帶來一線生機。不再執著於傳統布料的製作，臺灣開始出現許多再生材質的紡織品，諸如寶特瓶、咖啡渣等材質，都能在紡織廠的改造下變成好看又舒服的布料，這些環保布料在經過裁剪縫合後就變成了貼合永續發展概念的衣物，不但能做到具有設計感、符合時代潮流，還能讓穿上衣服的人感覺舒適，不會因為材質較差而出現過敏或覺得悶熱的問題。這些衣服看起來與一般的綿質衣物無異，甚至還具備吸濕排汗的功能，因此吸引了環保主義者和好奇者的注意力，逐漸地打入了衣物的銷售市場。除了再生布料，還有廠商將資源投入功能布的研發上，研製出禦寒衣物、防水材質、抗UV織材和抗燃布料等，這些布料開始充斥在我們的生活中，某些國際衣服品牌也能看到臺灣紡織業生產的布料，各種運動品牌也都能看到這些紡織品的影子。

★ 危機中的轉機——帶來機會的疫情

讓紡織業放出燦爛煙火的第二把火，就是造成很多店家倒閉的最大原因—— COVID-19 疫情。對餐飲業、旅遊業來說，這三、四年的疫情就是一場致命的大危機，但這場危機對於紡織業來說，卻是再次走上巔峰的重要轉機。這段時間，各大紡織廠看準了醫護人員在防護衣上的需求，將大量心力放在抗菌、透氣和排溼等功能的研究上，這樣的轉型不僅利於自身產業的發展，也改變了臺灣以往只能靠國外進口防護衣的狀況，在供不應求的醫療產業中貢獻了一己之力，舒緩了醫療設備不足的問題。

對於產業這樣的大型群體來說，鯰魚效應就是一個時代變遷下非人為、被動出現的自然挑戰，也是一個篩選的重要機制，如果不能扛住壓力，就會變成夕陽產業被淘汰掉，逐漸走入歷史；如果扛住了壓力，往往就能抓著小小的機會再次爬升，證明自己在社會這個更大的群體裡還有足夠的活力，而不是一條苟延殘喘、即將死去的「休克魚」。

未來可能受鯰魚效應影響的產業

許多產業在意識到強大的競爭者來臨前，都沒有明顯的徵兆能觀察出來，這些受到挑戰的主流產業會一直處於霸主地位，直到一個不受關注的產業突然快速崛起，在很短的時間內威脅到主流產業的地位，一瞬間就奪走了大眾的關注並改變了大家的愛好，徹底取代了原產業的位置，成為新時代的主流產業。要提早發現新產業的發展性是一件很困難的事情，需要由一群有長遠的目光、決斷力和魄力的領導者帶領，才能及時帶公司轉型，從新產業的威脅下順利逃離，但這種領導者並不多見，比起改變過去的經營模式、改換符合當下大眾愛好的產品，更多的企業管理者們更傾向守住現階段的優勢，以守成的防禦性姿態去應對時代的改變。這種以不變應萬變的心態是非常致命的，不願參與競爭、只想維持現狀的產業往往會變成大眾眼中突然殞落的星星，從王者的皇座上墜跌，消失在大眾的視野裡。

近年來有某項產業卻與這些突然沒落的產業不同，它們提早發現了一條可能成為鯰魚的競爭者，但卻沒有立刻進入激烈的競爭狀態中。因為這條鯰魚還在發展初期的「魚苗」階段，即便具有極大的成長空間，現在的弱小也是不可抗力的事實，所以這項產業就在大家的觀望中慢慢成長，變成了像是放在魚塘中培育的

小魚苗——這個可能受到影響的產業，就是大家都非常熟悉的傳統銀行，而目前尚在發展中、潛力暫且無法估量的小小魚苗，則是依靠網路處理業務、沒有實體服務據點的純網銀。

純網銀在海外已有多年的發展歷史，但一直沒有進入臺灣，直到2019年7月時才在金管會的核准下開設了三家，分別是由日本樂天集團所扶植的樂天國際商業銀行、由LINE主要持股的LINE Bank以及由中華電信所引導的將來商業銀行，從這幾家銀行與他們背後的主要經營者與持股者來看，不難看出外資對於臺灣純網銀版圖這塊荒野之地所抱持的開墾野心：樂天集團是日本的企業，而LINE的母公司則是由韓國Naver集團與日本軟銀集團合資設立的Z Holdings公司，這些公司在臺灣推動純網銀的動作，連帶著影響了臺灣的傳統金融產業，為傳統銀行與一般網路銀行帶來了第一波的鯰魚效應。

純網銀不同於傳統銀行產業的經營模式，其對臺灣銀行產業帶來影響如下：

1 存款業務

針對純網銀在提高數位存款帳戶的非約定轉帳金額限制上的建議，金管會同意純網銀能在提出其他風險評估機制或加強客戶身分驗證能力的配套措施下實施，雖然目前還在申請試辦中，但如果這項機制能夠成功推行並維持下去，就能促使網路銀行對身分驗證方面的機制進行改革，讓用戶能夠更安全地使用網路銀行，避免掉許多被冒用身分的可能性。

2 授信業務

銀行業目前對於客戶的貸款還款能力是以月收入去衡量與評估，但金管會目前已經准許純網銀提出其他評估機制，對有還款能力但無法提出月收入證明的人進行更明確的還款能力預估。

在這個投資方式與工作形態都變得多樣化的時代，彈性的評估標準更能夠準確地了解一個人的收入，這項規定能吸引特殊職業的工作者們，分走一部分傳統銀行與普通網路銀行的客戶，也許在未來，傳統銀行與普通網路銀行也會跟進、改變相關的規定，為銀行用戶提供更便利的審核方式。

3 其他業務

純網銀目前正在規劃與電商平台合作，提供消費者便利的消費性融資服務，金管會的評價是：「期許純網銀能依照具有獨特性的商業模式，建立可信賴的徵審機制，在風險可控及避免客戶信用過度擴張前提下，積極利用科技與創新，發展數位金融服務」。在消費者對網路購物的依賴度越來越高的趨勢下，與電商

平台合作的構思是具有潛力與發展空間的，如果這項規劃能夠成功，就能帶來更高的收益，並進一步提高使用率，使網路購物的愛用者們從傳統銀行轉向純網銀，增加服務對象的覆蓋率。如果不想讓客戶被分走、市場上的霸主地位被取代，傳統銀行產業勢必要想出對策，在純網銀成熟前努力鞏固現代消費型態的偏好客戶們。

雖然現在的純網銀看起來還是一個相當弱勢的產業，但如果傳統銀行無法因應它們的優勢去找出對策、增加競爭力，那麼照相館與油紙傘的結局就是傳統銀行的未來。即便現在的傳統銀行看起來是那麼的屹立不搖，純網銀尚處弱小、無法撼動這座大山，但很多取代了舊有產業成為主流的現代產業也都是從不起眼的渺小狀態下發展而來的。

不要小看任何一個新興的挑戰者，只要這個挑戰者具有一定的獨特性，就要去思考它可能會帶來哪些影響力，只有重視每一個出現在眼前的競爭對象，並提前找出反制對策，才能讓消亡的結局變成別的平行時空中才會看見的未來。

校園生活中的鯰魚效應

除了進入社會後的職場競爭外，校園生活中也能使用鯰魚效應去刺激學生，提升整個班級，甚至整所學校的競爭力。校園中最常見的鯰魚效應用法，就是交換生或轉學生的存在。

外來的鯰魚

對於多數大學生來說，校園的生活就是不斷地重複到校、上課、下課、離開教室的過程，與職場生活相比，校園生活相對平穩，同時也是相對封閉的一個環境，由於臺灣普遍具有名校思維，所以優秀的學生往往會選擇名次更高的大學、成績相對普通的學生會選擇中間段的普通學校，而專長不在唸書上的學生則是更常選擇科技大學，或者名次靠後的學校，讓自己能在應付課業的同時發展副業，或者打工儲存未來可用的資金。在這種能力篩

選的制度下，各個學校裡的學生程度相差無幾，在所有人都差不多、沒有人更優秀的封閉場域中，一個裝滿沙丁魚的漁槽就這樣完成了。大學的課堂中極少出現特別優秀的個別競爭者，一個系所、班級往往是由10%成績前段學生＋70%中間段程度學生＋20%表現較不理想的學生所組成，這個組成模式很少變動，一般在第一年就已經固定下來了。

對於成績前段的學生來說，他們維持著領先地位，雖然比起其他學生來說相對認真，但他們已經清楚知道花多少心力能贏過其他同學、維持領先地位，所以他們會保持著固定的唸書時間，穩定地過著他們的日常生活；對中段學生來說，雖然不是處於絕對領先的位置上，但他們也不會被拋下太多，只要唸書的習慣還存在著，就能待在這個不算太差的名次上，這個程度的學生所求不高，有些人甚至會偶爾翹幾堂課、請人點名，反正只要能維持考試的成績，就已經達成了他的目標；對最後段的學生來說，他們沒有太大的需求，只要能拿到畢業文憑，其他的都無所謂了。

在這種已經形成固定排位區間、沒有太大排名變化的競爭氛圍下，所有人都會一直維持著穩定不變的讀書強度，這時候要打破已經形成特定模式的環境，就必須依靠陌生的空降者——交換生和轉學生了。他們是突然出現的外來競爭者，對於成績前段學生來說，他們是首要的關注焦點，因為比起已經在同系多個學

期的同學，這些人的程度和能力都是未知的資訊，要能夠確保自己能依然站在所有人的頂點上，他們就只能加倍努力，避免王者的冠冕被取下，就此離開第一名的寶座，被拉下一直穩坐著的神壇。

對中段同學來說，他們沒有競爭前段位置的好勝心與需求，所以他們理應不受影響，但當前段同學集體衝刺，中段同學在觀察到前段同學的變化後會不自覺間產生壓力，他們所產生的壓力是「被拋下的壓力」，擔心自己會被最優秀的那群人拉開距離。當班上因為前段的程度向上提升，原本看起來程度一般的人就會顯得更加普通，甚至與前面的人出現了明顯的能力差異，為了不要被拋下、被優秀與拙劣的分水嶺切入平均之下，他們會被逼著開始競爭，以求能在中前的位置繼續待著。對後段的學生來說，他們從來都不是競爭的主力者，他們與企業中的「休克魚」一樣，不是競爭的主要推動力量，這類人會被企業淘汰，而身處校園中則是默認被放棄，資源不會再主動放到他們能爭取到的範圍裡，必須靠他們自己自我覺察，只有當他們徹底醒悟，發覺自己所處在的劣勢地位，才有機會努力，擺脫掉被競爭趨勢淘汰的命運。

如果沒能覺醒，他們會成為這個環境中徹底沒了動靜的死魚，因為成績不達標而被學校退學，好一點的能重考到比較差的學校成為另一個環境的「鯰魚」，差一點的只能提早進入社會，接受更加殘酷的考驗。

讓原有的休克魚變成帶來刺激的鯰魚

除了外來的交換生或轉學生外，也有極少數成績後段的學生在改變心態後將重心轉回到課業上，他們在進步後也能成為內部自生的鯰魚，改變整體的學習環境。中段的學生會因為墊在後面的弱者減少了而產生警覺，害怕被反超成為他人的墊腳石；前段的同學會察覺到從後方追趕而來、氣勢洶洶的地位挑戰者。所以除了用獎學金等辦法從其他地方引進優秀學生外，如果老師能察覺到後段學生的無助並加以鼓勵，適當地推動他們擺脫萬年倒數的慘境，也許能更好地改變死水一般的環境，激勵所有人用名次作為跳板，在成績上更精進、能力更提升。

How & Do 6

如果是雇主：錯誤時機引入了鯰魚該怎麼辦？

★★★

正確的使用時機和方法

如前面所說，鯰魚效應是管理學上使用了心理學的一種做法，既然屬於管理學中的一個議題，就代表能將其運用在企業管理上，去對公司的整體氣氛、風格進行控制與改變。要恰當地使用鯰魚效應去調整團隊狀態，其操作如下：

一，在很久沒有進行人員調動時才招入優秀的新成員，或者將有能力的基層向上提拔，而不是頻繁地進行人事調整，造成人員浮動，喪失穩定性。

二，不只短期內不要出現人事異動，在職場氛圍偏向熱情、有幹勁的狀況下，也不要將鯰魚加入，以避免破壞現有的積極氛圍。

三，在整體氣氛偏向低迷、沒有活力和動力時，就是加入鯰魚最好的時機。透過打破內部環境的平衡，用危機意識將老員工的競爭狀態勾起。

四，不要加入太多鯰魚，避免在將舊有成員從舒適圈拉出的同時破壞現有的穩定結構，讓已經在職位上很久的成員產生猜忌，造成人心惶惶。

雖然只要跟著這幾個要點去實施，基本上都能達到想要的效果，但有時候，所謂的「最佳時機」並沒有這麼好掌握。

什麼狀況是「缺乏熱情與活力」？什麼是「很久沒有進行人事調動」？這些狀況的定義並不明確，沒有一個標準的數據能去做評估，所以即使認真地看著員工的績效和團隊整體的發展效率也沒有意義，畢竟這些結果並不一定是由整體團隊成員的低迷狀況所造成的，這其中也可能有外部因素的影響，若只是一直盯著人員做調整，不一定能有效地達到突破發展瓶頸的目的。所以有時雇主或主管可能會找錯方法，在其他外部因素沒有解決的情況下認為出問題的部分就是員工，這種錯誤歸因會讓他們決定調整各個位置，大規模地進行人事異動，因此而讓企業出現了內憂外患的嚴重後果。

雖然打亂內部的穩定度是一件嚴重的事情，但這種錯誤使用

了鯰魚效應所造成的結果並非不能補救，只要能及時察覺這種調動帶來的負面結果，就能夠以最快的速度進行改正，及時止損。

這時候可能會有人覺得：只要將「鯰魚」及時從魚槽中拿出來就好了呀！

這種做法簡單粗暴，看起來似乎有點道理，但對於一個職場來說，這無異於是在戲耍新招入的優秀人才和原有的成員們，這樣的作為可能會讓所有人在心中已經有疑慮的狀況下變得更加疑惑不解，以職員的立場來說，他們無法參透公司真正想要做的事情是什麼，這種看起來撲朔迷離的狀況會讓更多人感到不安。

錯誤使用後的補救方法

既然不能直接將「鯰魚」從「魚槽」中移出，那最好的做法就是要想辦法降低他們的存在感，同時用其他手段去安撫、平緩，藉此安定其他人員的心理狀態，減少他們對於新加入者的不滿。

當人資單位或人事管理者已經明顯看到大家的躁動不安時，有幾種做法可以操作，讓空降者在所有人（包括他自己）心中回歸與大家平等的地位，而不被認為是來奪取資源和好職位的：

1 暫時壓下「鯰魚」在會議中提出的提案

要讓新成員與大眾地位持平，首先要做的第一件事情就是不要高看他一眼，甚至要稍微壓壓他的鋒芒，避免給他過多的表現機會。這種「打壓」不是真的壓迫，而是在合理範圍內選擇採用其他人的提議，前期減少參考「鯰魚」的意見。

這種做法是要讓其他人知道這位新成員不會搶走他們的機會，這些新人來到這裡，並沒有比大家更被期待，也不會更多地委以重任，只要其他人有更好的表現或更有建設性的提案，主管不會偏向任何一個人。由鯰魚人物提出的提案不需要全部否決，避免矯枉過正，但有一點必須盡量擋下：當鯰魚們提出與「人」相關的安排或提議時，千萬不要直接接受，因為這會在其他人心中埋下一種「他在安排我們的工作，他是已經內定的未來主管」的思維。這種像是暗示的做法對於「鯰魚」的存在感、重要性淡化是有害的，會重新提高其他人對他的關注度及敵意，不利於這些人融入進大團體中。

2 讓所有意見都從公共管道提出，不收私訊傳話

統一意見傳達途徑是為了讓鯰魚不顯得特別，而是跟其他人一樣。假如鯰魚人物能夠自由聯繫主管、將自己的看法和意見用

私下的連絡方式隨時提出，那就會營造出一種「緊密」的氛圍，這種氛圍會讓其他人覺得鯰魚和管理者間有不同於他人的親密關係，那麼這種有特權的既定印象就會被強調，讓其他人的不滿因此產生，並在之後每一次被觀察到的私下聯絡中與日俱增。

任何與特權沾邊的行為都會讓在錯誤時機進入企業的鯰魚變成攻擊目標，此時沙丁魚們的專注力不會集中在競爭心理上，而是會放在如何排擠新成員、逼走異己的方向上。

❸ 對核心員工誠實告知意圖，用實話穩定住軍心

要讓職場環境中的各種猜測消失，最好的方法就是破除亂傳的謠言和無端的猜想，直擊中心。這種實話實說不是直接貼布告欄或者全樓廣播這種廣而告知的做法，而是找來幾個能夠先穩住所有人的中心人物，先消除他們的懷疑之後，再由他們的改變去影響其他人，讓大家知道現在的情勢並沒有那麼緊張。

告訴主管階層，他們就能夠另外想一些方法、制訂一些政策或籌備一些團隊在工作外的活動與聚餐，消除整體的緊張感；告訴骨幹級員工、元老級成員，他們就會先放鬆下來，當這些主導了整個團體氛圍的老鳥們呈現出放鬆的姿態，其他會觀察狀況的人就能知道警報已經解除，這種突如其來的人員的加入不會為自己帶來影響，可以好好地、安心地回歸原本的工作狀態。當環境

中大多數的人都已經回歸平常的心態時，氣氛會慢慢緩和下來，對於上級主管和老闆來說，此時才算是真正度過了危機。

4 提高資深成員的薪資待遇，將有能力的人提升到匹配的位置上

要讓員工們感覺到公司對自己依然是重視的，最好的做法是提高他們的待遇，讓他們感受到自己的地位沒有被新人取代掉，甚至是有所提升的。

調高薪水以及增加成員的福利都是屬於獎勵的手段，一般來說，獎勵會在認同某些人的功勞並對他們抱有期待時出現，所以用增加福利待遇的方式去進行獎勵，代表「你們的功勞我們都有看到」的感謝心態，對於所有員工來說，付出能被看到而且獲得了與之對應的回報，就是他們最想看到的結果。

升遷跟提高待遇同理，都是表達對既有員工的重視，讓他們知道當增設了管理位置或高位空出來時，他們的機會與以前沒有差別，過往的付出還是會被記錄下來，成為未來升職的考核依據。

5 表揚重要成員並委以重任

在公開表揚重要成員的過程中，會向其他基層人員傳達出

公司的價值和看法，這等同於直接告訴所有員工公司重視的是什麼。藉由公開表揚，大家會去評估公司想要的是什麼樣的人、更希望員工有什麼樣的特質，那麼在傳達對舊成員的付出所抱持的感謝時，也能順便讓其他人去思考，自己要以什麼樣的狀態去工作才能更受重視，然後調整方向以獲得更多機會。這樣的表揚過程除了能將焦點從鯰魚身上拉回來之外，還能讓大家更清楚公司的具體發展方向為何，有了明確的方向，會讓人更清楚目標是什麼，工作起來也會更有幹勁。

將重要任務安排給重要的舊人去執行，會讓他們知道自己沒有被替代，公司依然非常信任他們的能力，所以不會有被邊緣化的事情發生，這個職場裡所有的人都很重要，不會出現讓任何一個人進入養老狀態。

6 組織新舊成員一起參加團隊活動

如第3點中所提到的，團康活動或員工聚餐都是一種消除緊張感的做法，團康活動可以是提供共同獎勵的分組活動，讓成員們在爭取獎品的過程中將彼此視為夥伴，共同達成目標，此時因為有了共同利益，他們會暫時放下敵意去配合彼此，在活動結束後，也許就會因為中間的合作過程而改變對方的印象。而聚餐的部分，吃飯對大多數人來說是一個相對放鬆的時間點，比起工作時集中精神的狀態，在這種時候會顯得輕鬆許多，這就是彼此熟悉的最好時機。給所有人一個競爭環境以外的認識空間，能快速消除隔閡，把新舊成員間的距離拉近，消除被分成了兩方陣營的對峙感。

如果是雇主：運用效應後要怎麼做？

★★★

在正確的時機運用了鯰魚效應之後，必須要注意幾個重要的後續做法，才能避免明明找到了最好的時間點卻沒能帶來最好的效果，白白浪費了一次整頓的機會，並且還帶來負面效果：

1 給「沙丁魚」足夠的激勵

只將鯰魚招入一個大團體中是遠遠不夠的，他能帶來的只有競爭意識，但這種競爭意識是帶著攻擊性的，並不能整合團體形成團結向前的力量。魚槽中的「沙丁魚」可能會對管理者和鯰魚空降兵產生怨氣，這種沒有被安撫的怨氣會被轉化成不健康的競爭關係。這樣的攻擊性競爭會加速公司的內耗，導致不良的企業風氣出現。

所以在招入新兵馬的同時必須要給既有員工足夠的激勵條

件，讓他們一邊被勾起與新人比較的鬥志，一邊被公司的肯定和信任所觸動，這些舊成員們才會將那股「為自己爭取利益」的力量轉變成「把公司推上巔峰」的能量，真正將思維模式從服從於私益改為以集體利益出發。

2 要提供清楚明確的發展方向給所有人做參考

結合第 1 點的概念去看團體中的競爭，就會知道新人加入的時候，原本的員工是會產生一股鬥爭意識的，即便這股力量因為受到鼓勵、肯定而轉化成推著團體向前的動力，但也要有一個明確的方向可以努力，否則就會出現類似「拔劍四顧心茫然」這種蓄積著能量想要面對挑戰，卻不知道要面對的挑戰到底是什麼的迷茫心情。

所以在引入新人之前，最好要先確定公司的發展方向，確定了發展方向後再挑選跟公司前進方向一致的鯰魚型人物作為標竿，將公司想要的標準類型推到眾人眼前，告訴大家公司上級決策的下一步走向到底是什麼，最後再給現有成員適當的激勵，然後將新方向需要的技能培訓課程預備好，提供給有意願充實自己的員工去主動學習。

這是最理想的狀態，但如果能明白地將未來走向傳達給所有員工，就已經足夠了。

除了以上兩項招來鯰魚型人物後要做到的事情之外，在招募新人力之前也要注意「鯰魚」所具備的能力是否足夠挑起大家的競爭心理，若是他不夠優秀，就只能在短時間內挑起大家的警戒心，但不足以長時間地支撐起「挑戰者」的重責大任，那麼這樣的特別安排就會變成一場笑話，大張旗鼓地招聘卻只像是往湖中投了幾顆石頭，當漣漪散去之後就恢復平靜，不再有任何的痕跡了。

如果是雇主：從內部找鯰魚——挖掘自己家的寶庫

★★★

前面提到的部分都是傾向從外尋找新的可用人才，但有時候這種具有鯰魚潛力的人物其實早就已經在團體內了，只要稍微推動、改變一下他們的位置，或者調整對他們的態度，就可以省下一次不必要的招募，直接改變公司內部的安逸氛圍。

和在外部尋找人才的做法相比，內部的鯰魚更不容易讓大家產生對抗心理，因為他們本就處在那個環境中，屬於團隊的一員，雖然激起了同等成員間的好勝心，但這樣的好勝心相對容易轉換成團結的力量，不容易變成不健康的內耗狀態。鯰魚型人物可以在公司的各種職位上發現，不同位置所需要的鯰魚特性不同，對待他們的方式也需要有點不一樣。

1 鯰魚型幹部

鯰魚型幹部與一般類型的幹部相比具有更加活潑的性格，他們喜歡主動接下挑戰、樂於提出更多新的可能，他們有讓公司走向創新的野心和激情，不喜歡死氣沉沉、沒有幹勁的工作環境。為了推動大家一起進步，對上他們會頻繁地向上級提供建議、願意花時間說服上司接受自己的想法；對下他們會在自己的職權範圍內整頓團隊，嚴格要求下屬完成進度，以求自己帶領的團隊能用更快的速度走向卓越。

要讓這種類型的幹部發揮最大的激勵作用，首先就是要盡可能多地去聽取他的意見、比以往更多地採納並使用他的方案，只要使用他們的方案作為公司近期目標的次數一多，大家多少會開始察覺到老闆的意圖，只要這種企圖被傳達出去，那麼鯰魚的作用就會開始生效。在會議中挑選他的提案中有興趣的幾個去批准執行，大家就能推測出上頭期望的未來走向；更多地表揚鯰魚型幹部和他的團隊，可以激起其他其他幹部的好勝心和欲望，為了得到更好的獎勵，其他人會紛紛效仿，讓整個企業變得更有活力。

如果要給鯰魚型幹部更多的空間去執行各種創新、有前景的計畫，就要把他推到足夠伸展的位置上，這樣一方面可以藉著升遷再次推動同級領導的野心，一方面則是讓他有足夠多的權限，

去調動更多下屬去完成任務。

2 鯰魚型基層人員

鯰魚型基層人員和高管的距離較遠，要發現這類人才，必須要從他日常的工作方式去看，才能比較好地去確認他們的特質，因為職權過小，主要的工作內容是完成上司交辦的任務，所以無法從他們已經完成的工作裡去發現。已經完成的工作只能看出人員的業績，但業績只是找出鯰魚型人才的一項小指標。業績好也許是因為個人能力的優異，而優秀的員工也可能是一隻沒有活力的沙丁魚，需要一個刺激去讓他們再次驚醒。

鯰魚型人員的特徵是：性格異常認真、對工作抱持著不會消退的熱情，他們可能會把工作看得非常重要，對作業內容一絲不苟，還會因此頂撞上司，只為了讓自己經手的工作盡善盡美。

一般來說，這類人容易給身邊的同事和上一級的主要管理者帶來壓力，因此得到的結果通常是被打壓，變成職場上的獨行俠，開始自己一個人默默地完成自己的責任範圍。這樣被打壓的慘況會一直持續著，直到——老闆開始尋找鯰魚型人才為止。

對於安逸穩定的環境來說，他們就像是寧靜天堂的破壞者、漂亮花園上的龍捲風，所以想要維持輕鬆生活的人會將他們視為異己，死命打壓他們，徹底抹殺掉他們的存在感，或者陷害搶

功，讓他們只能待在低位、被迫辭職。這種狂風一般的性格非常適合用來破壞安逸的職場，只要能適時發現他們的存在、拉他們一把，當眾稱讚他的工作態度和效率並給予獎金等實質鼓勵，那其他人也會感受到一絲異樣。發現高級主管們好像更喜歡這種類型的職員，那就會讓一些不服輸的人開始像齒輪一樣轉動起來，去爭取下次被表揚、得到獎金或禮品的機會。

要讓鯰魚型人才能夠出頭、被樹立起來當作讓人挑戰的標竿，那源頭勢必要有個具有熱情和活力，想將公司推到同類型企業頂端的野心家去做靠山，支持他們成為推動整體向前的原動力。也就是說，要讓「鯰魚」在一個「魚槽」中持續為沙丁魚們帶來壓迫感，企業的高管們就要有和他們同等的內在驅動力和被頂撞的容忍度量，才能讓他們被重視，作為榜樣一直存在於環境中。

小鯰魚的第一課：如何彈性地成為那條鯰魚？

★★★

前文是以雇主的角度去分析，了解要如何從團體裡找到隱藏的鯰魚們，不靠招募新人就能激起大家的鬥志，利用效應去激勵士氣。老闆們將這個現象利用在員工身上，達到想要的效果，但對於職員們來說，如何被老闆看到、讓自己能抓住機會往上爬，才是需要好好去研究的一個課題。

很多鯰魚在被發現前就因為差點破壞平靜的環境而被打壓，變成沒有人看得到的小透明，他們明明有努力向前衝的幹勁，卻也在群眾力量下不得不屈服，變成一條有心無力、鬱鬱不得志的憂傷鯰魚。

為了避免在被挖掘前就因為殘酷的現實而讓熱情被扼殺掉，所以在保持衝勁的同時要學會彈性以對，成為在不同環境都能生存下來的聰明小鯰魚。

1 逐漸平靜的魚槽職場

有的工作場域已經發展了數年，他們經歷了創建那幾年的跌盪起伏，也經歷過各種與他人競爭而出現的危機和轉機，在數年的風雨飄搖間好不容易取得了平衡，成為穩定經營的一家企業。

這些公司一般都處於休養生息的狀態，對他們來說，與其策劃新的方向、帶來新的挑戰，還不如維持人員間的穩定和暫時固定的營運模式，只希望公司能好好喘一口氣。在這個時間點入職的新人，通常不會是被期待去刺激現有員工的，他們或許只是因為公司的擴增，或者是有人離職而導致人力不足，需要加入新的勞動力去填補空缺。這時候要做的就是判斷公司「需要」和「不需要」什麼，而不是憑著一頭熱的衝勁一直表現自己。

要判斷公司是不是屬於喘息的階段，可以試著多聽、多看，看前輩們做了什麼、沒做什麼，還有主管要求了什麼，去作為判定應該做到什麼程度的標準。一般來說，需要喘息的職場會有上下政策統一的狀況，主管的要求不多，多數前輩們的工作量和工作速度也會偏向輕鬆寫意的狀態，不會有兩邊出現衝突對立的職場形態。

在一個單位待了很久的「鯰魚」可能有幸參與了公司最動盪而充滿活力的時期，對於這類老鳥來說，他們要能更敏銳地察覺到身邊的各種變化，如果一個忙碌了很久的部門突然減少了工作量，或者分到手上的工作慢慢變成了閒散而簡單的任務，那就要開始思考公司是否有政策異動、發展停滯，是什麼原因停下了腳步？

保有衝勁對維持工作效率來說確實有一定的作用，但能屈能伸是在社會裡存活下來的重要技巧。

2 需要攪動的魚槽職場

需要改變現狀的職場有時不是那麼容易觀察的，對於新進的人員來說尤其如此，與已經身處體系內的前輩們相比，要花更多心力才能分辨出來。需要進入穩定期的企業和需要激勵的情況相比，最大的差別大概就是在上下級狀態的統一性上。就像前面有提到的部分一樣，如果上下級在發展和工作的積極性上呈現出高度的統一，代表這是公司管理階層所希望的近期發展方向，如果高級主管到基層員工都是高強度與頻繁地新增工作、提出政策，那代表公司正在高度發展及擴張的時期，那跟著大家一起努力是絕對必要的；如果從上到下的所有人都呈現一種放鬆、緩和的氛圍，甚至公司有餘力舉辦一些固定員工社交之外的特殊活動，遇到這種情況，在盡力完成自己的工作之餘不要再主動要求額外的工作，為同事帶來不必要的壓力。

最後一種狀況就是上下級的積極性沒有達到統一的狀態。

在這種狀態下，高階主管們似乎正在努力調動整體，想蓄積團體動力去推動企業，朝著下一步的方向再次前進。但此時大多數的人已經進入懈怠狀態，主管們在政策上的推行會像是被一片沼澤所阻擋，不管怎麼做都綁手綁腳，現有成員們總是會拖延工作進度，將被分派到的任務都壓到最後期限才草草了事。對於新進單位的菜鳥來說，最好的做法是先從上司的要求內容和頻率去分析，再搭配上公司獎勵、表揚的對象去判斷，找到公司現在的發展方針，確定了公司的狀態後，再對應同事們現在的狀態，去判斷這個單位招募自己進來的目的為何。

如果前輩們的狀態與公司出現了脫節，那就要盡全力表現自己的能力，讓自己成為老闆最需要的那條鯰魚，去製造壓迫感，讓他們意識到這個環境裡出現了新的威脅，迫使他們重新振作起來，追上上司們的腳步。

同樣都是要盡力完成工作，如果職場中上下統一性高，那在保持高強度工作之餘可以適當的減少表現機會，保持與他人同步並進的狀態就好，不要過於展現個人能力和熱情，造成同事間不健康的內捲狀態；如果上下統一性低，那就要用超乎常人的熱情和優秀去對同等級的同事產生壓制力，激發他們的危機意識。

相對於新人而言，現有成員只要發現工作量與前段時間相比明顯增加，或者政策開始有大量推行、大規模更動的狀況，就可

以開始整理自己的心態，準備進入備戰狀態了。

先同事一步開始前進更容易被看到、被注意，只要好好抓住機會成為「鯰魚」，就能在公司提拔下級或改善待遇時變成上司們的優先選項。

或許有人會說：如果是主管階層缺乏動力，但下級職員們充滿活力呢？

這種狀況並非常態，鯰魚效應在這種職場中並不適用，而且當上司們都處於消極怠工的情緒裡，員工們是不可能保有長久的工作熱情的。

想要下屬們一直對工作保持熱愛，領導者要先審視自己的心態，這是一個企業要長久發展最基礎、最重要的第一要素。

How & Do

10

小鯰魚的第二課：如何對工作保持熱情？

★★★

要成為老闆想找到的那條鯰魚，首先要學會如何維持對工作的熱情。我們很難永遠維持對一個工作保持熱愛，當在工作上遇到了挫折或困難時，就容易因為壓力而有所退卻，就算是自己得心應手、真心所愛的職業領域，都可能遇到更艱難的挑戰，因此而對自己的能力產生質疑。沒有辦法長久地從工作中得到喜悅，就容易在歲月的磋跎下失去敏銳的觀察力，去察覺公司氛圍的轉換，最後就只能變成被鯰魚效應操控的其中一隻沙丁魚，隨著公司的手段被影響心態，不斷重複積極、消極、積極、消極的轉換。

想要當一個在平靜魚槽中蟄伏的鯰魚，就必須有一種獨立於獎懲之外的、使人專注並熱愛工作的內在驅動力。這種支撐著一個人不斷在一個工作上努力的力量，才是維持長期動力的重要因

素。

有些人會認為，公司的薪水、職位的升遷就是一種很好的動力，只要知道自己總有一天能獲得這些獎勵，就能一直維持在工作上的勤奮與熱情。靠著盼望獎勵維持努力的做法並沒有錯，這樣的方法常常被用於管理和教育領域上面，但就維持長久習慣的目的來說，這不是個很好的手段。

在一本叫做《獎勵的惡果》的書中提到一個有關於獎勵的實驗：將受試者分成兩組人，一組在體重數字持續下降的同時會得到金錢，而另外一組人則是沒有得到任何許諾，只靠著自身的毅力去持續減肥。一開始時，有錢拿的一方顯得積極許多，減肥的效果也比另外一組更加明顯，但在大約五個月後，用金錢去推動的人大多有復胖的趨勢，而沒有錢拿的對象卻苗條了許多。從這個實驗中我們可以看出：用獎勵去推動熱情無法得到想要的效果，如果習慣了外部因素的存在，當有一天得到了獎勵或者獎勵消失，就會因為目標物的消失而失去努力的動力。外在獎勵的效果太過強大，貿然使用會毀掉原本存在的內部驅動力。

不利用獎懲這種外在動機，就必須從自己的內在找尋一個能夠長久存在的動力來源。內在動機具有高度的自主性，不用依靠外在去提供做一件事的理由，而且因為完全來自自己的內在，所以是可控而且穩定的，不會讓我們被外部的因素所制約。

內在驅動力

要建立內在驅動力，可由以下幾點做起：

1 建立目標

馬斯洛的自我需求理論舉出自我實現者所具有的16種特徵，其中一項就是所謂的使命感。使命感是目標的加強概念，目標能讓人感覺到自己在做的事情都是有意義的，不是盲目的胡亂行走，而是有個固定的點，並清楚認知到現在在做的事情都是為了達到某個定點，這一切都是有意義的。

近、中程的規劃都是小型目標，而人生最終要達到的極致目標，通常就是馬斯洛所提到的「使命感」。使命感會成為個體為自身定義自我價值的重要考量，有了使命感，就會認為自己的存在是有意義的、這輩子是為了某種必須達到的目標而降生於世。這樣的思維會讓人提高自尊、學會自我肯定，只要能打從內心認同自我，就能對目標產生征服欲望，藉此維持對工作的熱情。

2 自主決定

自主權指的是在工作上能決定要做什麼、不做什麼的權力，很多研究顯示工作時自主性越低，越難維持熱情和滿意度。

我們都有著抗拒被他人所控制、希望自己能掌握生活的本能，雖然維持自主權是延續熱情的重要條件，但一般來說，公司的決策在給員工自主作業的範圍上是有一定限度的，只能在工作時小心試探，在管理者能接受的範圍內找出能夠自己決定的項目，發掘出可以自主控制的工作內容。

3 使能力走向專精

在工作過程中增加能力，也是一種增加熱情的方法。

在過往的學習過程中，我們常常能從能力增進的過程中體會到成就感，隨著能力的加強，以往解不開的難題會逐漸被克服，當帶來挫折的失敗經驗被轉換成成功的經歷，當事者會覺得自己能做到的事情增加了，被限制的感覺因此而減少，在面對下一次挑戰時，就能更有自信地迎難而上。

隨著成功的經驗一次又一次的增加，成就感就會慢慢堆積，直到有一天回顧過去曾經面對的困難時，就會發現自己已經成長，以前遇到的困境都不再是困境了。

這三個條件能夠建立內在驅動力，使人不需要依靠外部提供動機，就能維持對工作的長久熱愛。

How & Do
11

小鯰魚的第三課：把工作變成享受的神奇妙招——心流

★★★

1975年，米哈里教授發表了對一種神祕現象的研究，並將之命名為「心流」（flow）。

這個概念現在被歸類在正向心理學裡，處於心流狀態時，意識會極度專注，讓人完全沉浸在正在做的事情上，此時效率和創造力大幅提升，時間感和飢餓感以及與手邊事務不相干的身體訊號會因此而消失，從心流狀態回復時，肉體會出現能量大量流失的狀況，在感受到飢餓、口渴的同時，心靈卻處在極大滿足、精神充沛的狀態之下。

心流狀態經常出現在創作與體育競技等領域裡，但其實在一般工作或讀書的時候，也能進入心流的狀態。只要滿足幾個條件，就有機會進入心流這樣的頂峰狀態：

1. 對所做之事極度熱愛。

2. 具備足夠的技能，能一定程度地掌控要做的事情。
3. 要做的事有適度的挑戰性，略高於當下的能力，但不要超過太多。
4. 要有階段性的明確任務，而且要有及時的反饋或獎勵（心理或實質上的）。
5. 有明確的目標和進步感，並知道正在做的事有哪些步驟。

之所以要具備上方的五個條件，原因如下：目標是專注力的中心標靶，沒有目標，沒辦法讓精神有個確切的集中點，會讓人因此不知道要把焦點放在何處，而階段性的明確任務，則是為了把大目標切割成若干小目標，讓人慢慢進步，階段性任務相當於是一條長路上的幾個小路標，每完成一個任務，就會得到「這麼做是對的」或者「這麼做是錯的」的反饋，這樣才能及時修正錯誤，帶來下一次的成功經驗。

要具備做一件事必須要有的先備知識、技能，才能大致上掌握正在完成的任務，不會因為能力不足而茫然、不知所措，想不出來要如何處理問題。當一件事情的挑戰性適中，我們就能夠嘗試著去完成，不會因為太難而焦慮不安、手足無措，也不會因為太簡單而讓事情變得無聊，導致專注力缺失的問題。

最後，只要這個工作是自己所熱愛的事物，就能一定程度地挑起對工作的興趣，將所有注意力都放在目前正在進行的事情上。

將上述五個條件與內在驅動力結合後，就能進入這樣的狀態：建立明確的目標並擁有決定自己要做什麼的自由，當克服了各種階段性任務帶來的困難後，就能慢慢培養出技能，每當技能又提升到了一個程度，就繼續接受略難的挑戰，只要持續不斷地去克服挑戰，就會讓人在一個領域逐漸走向專業化、慢慢察覺到自己的進步，並在後續得到快樂和幸福的心理感受。這個過程會讓人對工作逐漸產生熱情和愛，直到有一天，心流狀態就會突然出現。

只要感受到心流狀態帶來的暢快感後，就能很好地鞏固住對工作的積極性，變得更加喜歡這份工作，讓內在驅動力和心流成為推動工作進入正向循環的動力。

How & Do
12
中學校園裡的鯰魚：哪些人是鯰魚潛力股？

★★★

如果說職場是個大型的魚槽，那麼在進入社會、開始工作之前的校園生活，就是一個人一生中最早面臨的一個魚槽。在校園之中，最適合使用鯰魚效應的一個時間段，必定就是最看重競爭的中學時期。

在國、高中這個小型魚槽裡，學生會被老師、家長或同儕用成績去分類，如果是平均分班的學校，每個班級都會產生不同層級，由上到下這種排列方式基本上會維持穩定狀態，大多數學生都會穩定地待在前、中、後三個範圍裡。成績處在上游（如：前十名）的人可能輪流成為第一名、第二名或其他名次，但除非發生特殊狀況，不然都會保持在前段的區間內，不太會掉到中間區段；中間區段的人不太會出現一躍而上或垂直降落的狀況，這個程度的範圍區間與另外兩個相比大了許多，所以成績在平均值的

人都會落在這個位置上，只有中前段（靠近前段）和中後段（靠近後段）的人會在狀況好點時跨越門檻、完成逆襲，或者在狀況不好的時候掉到谷底，短暫地成為後段學生的一員；後段則是由長期自我放逐或者不擅長讀書的人所組成，他們可能對讀書沒有興趣，在課堂中興致缺缺，或者試圖在學習中努力，但天賦不在學科上面，這些人習慣了不唸書的輕鬆生活，所以很難再振作起來、向前邁進，或者能力和資質就擺在那裡，不可能一朝改變。

這樣的班級形態幾乎可以說是固定不動的，如果有個厲害的轉學生進入這個環境裡，還能推動中、前段的學生努力，但大多數的轉學生都和其他人相差無幾，不會優秀到哪裡去。

如果在大學時期，前、中段的同學需要花幾次段考的時間去評估、分析，才能確定這個闖入者的真正實力，在確認期間為了確保地位，會維持更長時間的努力；在中學時期，只要一次段考或者幾次平時小考就能見分曉，當確定這個新來的同學實力一般，不算特別優秀時，前面集體努力的狀態就會消失，無法維持動力。所以比起轉學生，中學時期能夠讓班級產生巨大動力、維持長久競爭狀態的鯰魚型人物，必定是那些後來居上的逆襲者了。

這些有機會擺脫萬年倒數的孩子通常會有幾種不同的狀態：

1 不願/無法在唸書這件事上努力

有些孩子會因為過去的挫折經驗、家庭要素或者其他眾多因素而不願將心思放在課業上。這類的學生非但不愚蠢，有些人甚至非常聰明，但因為所求不在此，所以他們把全部的注意力放在想做、需要做的事情上，將讀書這件事拋在腦後，把時間全部放在自己的「課外事業」上。

因為過去的挫折而放棄的孩子，都有一個「未竟事務」，這些事物可能是沮喪、憤怒、悔恨等過去的痛苦經驗，這些經歷會在事件發生後一直困擾著當事者，例如：過去因為不懂數學題而在課堂中詢問，結果被數學老師羞辱，羞恥和委屈的情緒被遺留下來；過去曾經拿著課外書跟長輩分享有趣的知識，結果被隨便打發，被忽略的受傷感受一直被迫反覆回味。要將這類孩子從深淵中拉出來，必須要解決這些抓住他們的「手」，才能改變他們的命運。

因為家庭因素而無法唸書的孩子，或許是生在每個家庭成員都有重要任務的家庭裡，或者照顧者嚴重失職的成長環境中。除了受正常的教育之外，他們還必須花很多的心力在維持家庭經濟上，也許是幫著家裡的生意，跟著父母開店賺錢；也許是身兼父職、母職，替「消失的照顧者」完成任務，想辦法維持自己甚至弟弟、妹妹的日常生活。如果是更極端一點的例子，這些孩子除了自己之外，還需要在日常生活中照顧失能的親屬，他們是家庭的支柱，如果他們將心力全部放在課業上面，這個家會瞬間倒塌，無法維持。

最後一種是在特殊領域具有極高天賦的學生，他們的能力與愛好決定了未來的走向，所以比起和其他人一樣順從群眾價值、跟隨長輩希望去認真讀書，他們會更願意投資在自己的專長上。

當其他人在為成績煩惱時，他們已經清楚地認知到那不過是一組數字而已，不應該讓這些不重要的事情去干擾自己的人生，分走不必要的專注力。

2 用錯方法

有些學生雖然還算努力，但不管花多少時間唸書，成績依然不見起色，無法改善。這些人和其他人用一樣的方法去讀書、去補習，達到的成效和付出的心力卻一直不成正比，讓家長和師長看了都揪心不已。

這類人有認真的誠意和實際的行動，但跟隨其他人的腳步、進度唸書，只會讓他們的學得更慢，當與其他人的差距大到一定程度時，他們即使不想放棄也只能放棄了。這樣的學生有時並不是像大家所想的那麼愚鈍，如果有機會去做智力測驗，可能還有部分人的智商會偏高一點，比中間段的同學更聰明。

他們會有一些異於常人的地方，尤其是思維模式，這代表著他們無法用一般人的學習方法去搞懂同樣的課業內容。

舉例來說：擅長圖像記憶法的學生，他們可能對文字的接受度很低，單靠閱讀無法觸發大腦去記憶內容，所以在學習歷史、地理時，可以用地圖去畫記，讓地圖上的標註去觸發記憶的開關。

How & Do
13

中學校園裡的鯰魚：老師該如何培養鯰魚？

★★★

 培養鯰魚的準備階段

在中學階段，應該很多人都發現過這種現象：當中間段的學生在段考完後明顯進步，由中間的位置向前了一點時，老師都會樂於發現、給予鼓勵，藉此激勵學生對繼續進步的熱情；當前段同學稍微退步時，老師會及時關心，了解前段學生之所以退步的原因，並給予安慰，導師會把注意力全放在這兩個程度段孩子身上，讓後段的學生去自我發展，只要他們不要破壞班級秩序，剩下的就是不要彼此干涉，保持相安無事的日常就好。

這種做法是在鞏固一個班級上、中階層的基本盤，很多班級導師會希望維持住班級整體的穩定，與其拉底層的學生一起進步，不如放棄掉一部分教起來吃力不討好的孩子，把教學時間留

給更有機會上好學校的人，順便節省自己的力氣，反正前中段包含了班級裡80%的人，這麼做已經不愧對大多數的學生和家長了。

好一點的老師能在後段學生自我覺察後開始努力時分一點精力出來給他們，提攜所有願意學習的人，但更多的情況下，後段學生不會突然產生學習意願，沒有外力刺激不會帶來轉變，一個人不會無緣無故出現想要改變的念頭，所以教育者要在一個班級裡創造出一條能帶來強烈刺激的鯰魚，第一步就是改變自己的想法，讓自己成為那個改變學生的契機。

首先要想通的第一點是：把資源和精力都集中在優秀學生身上，在外在條件的加持下，確實能將他們推得更高，但如果能從內在激活他們的好勝心和競爭狀態，比起家長、老師每日叮囑、關注他們的讀書進度，更能培養他們自發性、主動唸書的習慣。

第二點，那些展現出消極態度的孩子不一定是真的厭惡讀書這件事，他們對讀書的興趣並非無法激發，只是比起「學多少」，在他們身上應該更多地去思考「怎麼學」，才能找出問題的癥結點，有效地去處理學習意願缺失的問題。

思考完前面兩個點之後，先做好心理建設，讓自己知道這是個長期抗戰的開始，做好準備後，接下來就可以開始針對不同「原石」去做分類，開始打磨一件價值連城的「珠寶飾品」了。

分門別類的培養方式

首先是前面提及的第一類學生：不願意或者無法努力的類型，這種類型又可以細分為三類，困於未竟事務而導致無法正常學習的孩子、因為家庭因素無法專注學習的孩子，以及有幸提早找到天賦、不願被耽誤的孩子。

★ 被傷害上了枷鎖的潛力股

這三種類型的孩子都不太容易解決問題，尤其是第一種類型。未竟事務帶來的創傷是隱晦的、不隨意示於人前的，有時當事人甚至都沒意識到自己受到了什麼傷害，他們只會覺得自己的能力不夠，或者好像打從心底討厭一個科目，永遠無法打起精神去理解它。

未竟事件造成的不良學習表現常常與其他學習問題重疊，例如：無法在學習一個科目時集中精神、有嚴重偏科的問題，這個狀況會與先天的能力喜好造成的結果類似。要從很多不同種類、有著學習問題的人中找出這類學生，就要從細節觀察開始，這些帶著挫折、創傷的孩子可能會有這種特徵：父母或過去的師長傾向用打罵的方式去教育。

每個人都會有先天能力的差異，但許多父母將孩子視為自己

人生的延續，他們接受不了自己的平凡，將曾經懷揣著的夢想強加於孩子身上，所以在看見孩子的能力不符合期待時，就會氣急敗壞地責備，有時不需要動手修理，只要責罵的話語足夠難聽，就能造成心理創傷，他們有時候甚至希望孩子高人一等，只要孩子沒有做到名列前茅，各種難聽的辱罵就會劈頭蓋臉而來。

在這種教育風格下，孩子的挫折經歷不但沒有被安撫，甚至在照顧者的責備中被強化，讓他們失去學習的動力，以致於放棄所有的學習行為。要判斷學生是否有這樣的特徵，可以先在家長會上進行觀察，然後和當事人單獨聊聊，確認創傷真正的來源。這個過程中必須要給予承諾，讓他知道：老師和他是同一陣營的盟友，而不是誰派來的間諜，談話的內容不會未經允許就轉告給第三者。在清楚狀況後，可以試圖說服當事人，讓校內的輔導老師、諮商中心等單位合作，去轉變他的認知，讓他知道他「可以做到」，並在他試圖努力後告訴他「你做得真好」，久而久之，他自然會一點一點地進步。

這樣的孩子在進步之後有機會進入中間程度的群體，如果他被創傷埋沒掉的能力足夠出眾，甚至能夠進入前段能力的範圍。對其他人來說，原本被穩穩甩在後面的人突然開始前進，甚至超過了自己，這時被反超的學生就會大受刺激，開始加倍用功試圖把「鯰魚」踩回腳下，讓他回到槽底繼續當一條沒有生命力的休克魚。

★ 背著重擔前行的家庭支柱

第二種孩子是肩負著家庭重擔，無法毫無顧忌地成長、唸書的孩子，這種孩子的協助方式比帶著創傷的孩子好處理些，他們需要的不是「心理支柱」，而是實實在在的物質協助。

他們的需求通常極好觀察，比帶著未竟事件墮落到深淵的孩子更容易發現。如果是需要孩子去協助做生意的家庭，可以先用家庭訪問等方式想辦法跟家長談談，如果家裡條件尚可，說服父母讓孩子將重心放回到課業上，避免進度落後太多，導致升學都成了一個大問題；如果生活物質有一點吃緊，可以將校內、校外提供的清寒獎學金資訊不定時公告在班上，讓有需要的人自己去申請，多少補貼家裡的經濟負擔。

如果學生的家中有非常嚴重的經濟問題，或者有重度傷病的患者需要學生去照顧，甚至因此而讓家中陷入困境，就要主動聯繫政府的社福機構或以幫助兒童為主的社福團體，想辦法讓學生家中能得到足夠的社會救助，使其生活變得更有保障，並將照顧傷病者的工作交給護工，以保障孩子學習的權益。

在出手介入學生家庭問題的過程中，切記要保護他們的尊嚴，不要把他們的困境攤在陽光之下，成為無關者的談資。

特定領域的天才型人物

第三種是愛好和能力達成高度統一，但天賦明顯不在課業上的學生。面對這類孩子，能夠實行的做法有兩種：

一是鼓勵當事人發展天賦，將長處發展至巔峰，放棄補短，從另一種途徑上成為「鯰魚」。現在的升學管道不只一種，許多高中、大學都能用特殊選才的方式進入好學校，對這類的孩子來說，要求他們花時間讀書反而浪費了他們能夠發展天賦的時間。在臺灣，大學特殊選才管道的放榜時間比學測和指考的時間早一些，如果以往因為成績差而被看輕的課外天才上了不錯的好學校，就能在大考前刺激到有企圖心的優秀學生，讓他們在優秀的基礎上增加衝刺的動力。但這種鯰魚效應有一點晚，從刺激到應考的時間不到一個月，只能對頂端的資優生產生作用，對其餘中段的同學來說時間已經太晚，就算情緒上被狠狠地刺激了一把，但已經沒有足夠的時間去大幅度增加實力了。

二是將特殊天賦與課堂知識做聯結，讓當事人對學科產生興趣。例如：面對美術專長的學生，鼓勵他將國文課的古文轉換成畫面，將一篇詩詞用畫作的形式表現出來，並在作品完成後拿原作與之討論，了解他從詩詞中學到了什麼；面對烹飪專長的學生，將物理或化學知識融入烹調或烘焙的過程裡，讓他去思考會產生一個現象的原因為何。這種作法能將喜好與課內知識產生聯

結，產生愛屋及烏的效果，因此而讓他們對被聯結的科目產生看法上的轉變，去建立起對學習與讀書的熱情。

這種做法如果成功，就能使學生在課業上的表現呈飛躍式的進步，這種進步會對所有人都產生強烈的威脅，因此讓中前段的成員感受到一種危機襲來的氛圍。

但這樣做的缺點是教育者必須耗費大量的精神和力氣去執行，且單靠導師一人很難長久維持，雖然一直堅持下去班級的程度會有大幅度的成長，但在那之前，老師的身心有可能會先垮掉。

除了沒有學習意願的三種學生之外，還有一種無論如何努力都無法進步的班級成員，對於他們，除了不斷鼓勵、陪伴他們嘗試之外別無他法，他們也許有一天會找到適合自己的讀書方式，但如何找、找不找得到非常看重運氣和教育者的個人實力，需要足夠的經驗才能做到輕鬆引導他們找到方向。

就一個班級來說，他們會因為穩定性低、太依賴運氣的學習特色而不適合成為鯰魚效應需要的那類人物，但對於有熱忱、有責任心的教育者來說，不放棄每一位學生、對每個人都保留一定的期待和展望，才是在這個行業中最重要的基本理念。

How & Do

14

沙丁魚視角：沒有「鯰魚」要如何避免「休克」？

★★★

沒有競爭的死水環境

一般來說，有人的地方必定會有競爭，有競爭的環境就像是有活力的大魚箱，所有的沙丁魚都能夠維持活動力，不會有「休克」的狀況發生，但也有部分的環境長期維持在一個沒有力量、如同死水般的狀態下，所有身處其中的成員都日復一日地過著得過且過的平淡生活，拿著萬年如一日的薪水或上著沒有任何興趣的無聊課程、過著沒有變化的無聊日子。

如果習慣了這種安逸的生活，人就很難有所進步，只會在缺少競爭和刺激的過程中逐漸退化，維持住基本的日常運作而已，如果是學生，就會變成死板地完成作業、複習老師指定要考的課程範圍，他們會被動地做好師長的要求，但不會主動學習、主動預習，去了解更多課內、外的重要知識，當這種方式主導了一個人的學習態度時，到了範圍極廣、極深的升學大考時，就容易會因為對考試內容不夠熟練、缺少理解，而無法考出理想的好成績、進入一所好的學校。

如果是職場中的員工，就容易讓能力和注意力維持在最低限度的使用，當有一天遇到來自職場外部的競爭壓力時，就容易因為注意力不夠專注、能力荒廢太久而導致無法及時反應、被其他公司或部門打個措手不及的狀況出現，因此而造成個人的業績出現了異常難看的一筆紀錄，或者讓公司遭遇極大的損失，跟不上其他同產業企業的發展速度。

所以，沒有變化的環境看起來非常安逸、穩定，但卻容易使人麻木，習慣一成不變的生活，當有一天變化突然出現時就會反應不過來，導致平穩的生活就這樣被破壞掉。

雖然適當的受刺激是有必要的，但一個團體中的領導人不一定有能力準確判斷現有的成員是否需要被刺激，他們處於一種游離於團體之外的位置上，有定時考核制度的公司另當別論，但有些規模較小、存在時間很長、逐漸走向沒落的公司或學校裡的放牛班卻無法做到即時監控，當老師或管理者們發現團體的低迷狀態、試圖想辦法處理問題時，成員們大多都已經進入「休克」狀態了，很難在短時間內恢復活力。

所以當處於這類像是死水般的環境時，想要避免進入與其他成員一樣的「休克」狀態，就要找到有效的辦法，讓自己從死氣沉沉的環境氛圍中跳脫出來。

沙丁魚的自救策略

想要從零競爭的休克模式中自救，首先就要塑造出一個競爭者，去逼迫自己與創造出來的競爭者競爭，達到進步的效果。這個被創造出來的抽象競爭者就是「自己」，也就是用另一個角度去審視自己，去對曾經做過的事、付出過的努力做出分析，在現有的程度上再進一步地去努力、要求自我。

將自己當作競爭者的努力方法，第一步要做的事情就是將現有的個人條件、工作狀態和能力狀態具體化，條列出來讓自己去了解目前的狀況，以便找出弱點作為可改進的重要項目。

有句話是這樣說的：「最了解你的往往不是你的朋友，而是敵人。」所以在成為自己最大的競爭者和敵人時，就要像真正的競爭者和敵人一樣對自己做出分析，好了解個人目前的競爭優勢在哪裡、困境在何處，確認可以從哪裡開始下手，突破現在的停滯狀態。確認了強項和弱項後，下一步就是針對弱項去尋找補強方法，並事先分析自己的強項能夠如何應用，讓這份能力發揮出最大的力量，創造出最大的價值。

如果缺乏的是外在顯現的競爭能力，例如：大時代趨勢的相關專業證照、好看的學歷等，那就要用工作以外的時間去進修、學習，考取相關的證照或重回校園，讓自己增加可以提供給別人參考的個人履歷；如果缺乏的是個人能力，那就要針對缺乏的部分去做加強，能報名補習班學習的部分就報名補習班去學習專業能力，沒有地方可以學習的能力就多參考書籍、多觀察思考，像是人際相處、銷售技巧等，都能在每一次遇上使用時機時多做觀察，嘗試用不同的方法去應對，並將各種方法帶來的效益或缺點記下來檢討，藉由他人所給出的反饋去找出最適合的處理方式。

列出優勢與劣勢，是因為與他人競爭時常常都是從他人的弱點中去進行突破，避開他人擅長的項目、避免用自己的弱項去與他人的優勢去進行競爭，所以了解了自己的劣勢，就能分析別人會如何針對與利用自己的缺點；了解自己的優勢，就能了解別人會如何避開自己的長處，避免從自己擅長的部分去做競爭。從假想敵的角度去思考，就是先做好足夠的準備，去面對不知道哪一天會出現的、存在於未來的競爭對象。

列出優劣勢、想出對策並實行後，要一直維持一樣的習慣，每一次的自我提升之後，都要再次審視個人的能力和狀態，列表再次分析這些個人特質的應用方式與價值，這就是在沒有其他競

爭者的安逸環境中，「沙丁魚」能夠避免讓自己陷入得過且過的休克狀態裡最好的辦法。

簡單來說，保持對大環境的敏銳度，是避免自己成為休克魚的核心要素，以敵人視角攻擊自己的做法就是為了塑造出一個必須保持警醒的不安全環境，利用自己設計出來的、帶有敵意的對象，讓環境變得「充滿危機」，就能令自己時刻處在戰鬥狀態之中。

創造一個虛擬的假想敵

除了以敵方視角去改善自己的缺點、想像他人會如何攻擊自己之外，有時候還可以將假想敵的條件明確化，從想像一個具體的優秀之人有什麼出眾的點中去拼湊起一個精英的形象。要在心中描摹出一個具體的成功者樣貌並盡力效法，可以從以下幾種方式中開始行動：

1 定義假想敵

給自己的假想敵一個明確的定位，思考他們所具備的特長、成就和能力優勢。定義假想敵可以以一個具體的人物為標準，這個人物可以是你曾經忌妒或羨慕過的人，或者是你所敬愛、崇拜的人，甚至曾經對你造成威脅或你曾經認為他會帶來威脅的人也可以做為假想敵的具體樣貌；這個人物也可以是一個理想化的形象，是你身邊沒有標準，但你想要成為的那個樣子。

2 瞭解假想敵的優勢和影響力

定義了假想敵的「樣貌」之後，了解假想敵擁有的優勢和特質在這個環境中能帶來什麼樣的影響力，以及他的影響力會如何威脅到對你對未來的安排與規劃，這有助於你確定自己的短處和改進的方向，並激發你的成長動力。

3 設定挑戰和目標

除了去想像假想敵會如何威脅到自己、影響到環境之外，還可以將你的假想敵視為一個挑戰和目標，努力超越他們，這時的假想敵其實就是所謂的「偶像」，但比起單純地抱著崇拜和憧憬，更大的意義在於「實行」，是從欣賞進入了效法階段，開始努力將憧憬變成具體的目標，讓自己努力成為跟偶像一樣優秀的存在，這可以激發你的競爭意識和進取精神，並促使你更加努力地學習和成長。

4 自我評估

因為此時的假想敵已經有了非常具體的形象，例如：有程式設計的執照、每天能完成一般人兩倍的工作量等，對於某些擅長圖像思考的人來說，這個假想敵甚至有了明確的容貌和身材，可以直接視為一個真實存在的人，再加上各種為這個虛擬人物設定的故事，就可以定期對比自己與假想敵的差距，進行自我評估和反思。假想敵的能力設定和專業度等於自己的目標，想要一直不斷地增加自己的專業能力，就要讓假想敵與自己一起「成長」，當自己追上了假想敵時，思考自己在哪些方面還需要改進，要改進的點就是假想敵的「優點」，以超越「他」為目的制定相應的行動計畫。

5 尋求啟發

設定一個假想敵要有說故事與想像的能力，對於部分的人來說，這是一件相當困難的事情。所以如果不擅長做角色設定，那就要尋找一個與你的理想狀態最為接近的人，或是在相關領域有一定成就的對象，從這些人的經驗和觀點中獲得啟發，這些具體的人物是鮮活而真實的，不容易因為我們的思考框架而被束縛，比較能夠提供新的觀點和學習機會，讓人跳脫出單一思維的枷鎖，學習以更多元的方法去看待不同的事物，以此取得更加快速的進步。

海爾集團的企業創始人張瑞敏曾經提出過他的競爭理念：「永遠戰戰兢兢，永遠如履薄冰。」這是一種永遠保持著警戒心的人生態度，當一個環境、領域甚至是社會整體處在安逸的狀態時，反而必須打起精神去預防突如其來的危機降臨，「在必須變革之前作出變革」才是讓人能永遠避開危險的辦法，沉浸於沒有壓力與挑戰的舒適圈中，當不可抗力的變故降臨時，就沒有即時反應的能力，運氣好一點能僥倖從麻煩中逃脫，找到應對變化後的新局面的方法；運氣差一點就只能就此認命，成為被新時代拋下的淘汰者。虛擬假想敵的設定就是為了永遠處在積極面對危機的狀態下，使用這個方法不只是想維持有迎難而上的勇氣與能力，甚至可能對自己抱有期待，想做到主動尋找困難去挑戰自我，突破個人上限，挖掘出潛藏在深層的個人極限。

利用創造假想敵的方法雖然可以做到激發個人的競爭心態、協助自我提升和成長，但這個方法必須更注意心理的狀態，要以正向的想法去面對這種由自己創造出來的競爭，不要被優點和成就的參照對象激起妒嫉或憤怒這類負面的情緒，不管是哪一種做法，保持健康的心態和積極與活力都是第一優先的，以陽光開朗的狀態去看待自己的成長，假想敵帶來的才會是激勵和啟發，才能真正讓自己成為期待中的那個樣子。

遠離舒適圈的自救方針

雖然在安逸、變化少的環境中有可以避免成為休克魚、維持個人狀態的方法，但這種自主性維持警戒狀態的狀況，遠比應對環境出現改變而產生的警醒和積極更難保持、更容易感到疲憊，所以要能夠無時無刻的敦促自我、讓自己維持在足以面對任何挑戰的高昂、亢奮狀態下，最好的方法就是離開讓人覺得舒服的環境，進入一個未知的領域中重新開始，藉著生物對陌生環境所產生的本能警醒，喚醒足以應對任何外界改變的高度敏感，以及為了在改變中生存而被推動、被最大化的各種先天能力。這些能力可以幫助我們提高學習能力與適應力，幫助我們處理來自新環境的所有壓力，為了與非舒適圈的所有人競爭，過去已經培養起來的能力可能會再進入更高層次的提升，用來處理比過去更激烈的競技狀態。

不過，雖然有可以參考的解決方法，但在過於平靜的單位中要發揮自我潛力、達到最好的狀態還是非常困難的，就算再怎麼努力精進個人的能力，都還是處於一種紙上談兵的狀態下，雖然列出了個人優勢與劣勢，但在沒有真正競爭的狀況下，這些列出的項目可能不那麼準確，我們認為的劣勢，在進入競爭的狀態中可能反而會變成優勢，在預想不到的狀況下扭轉情勢，將原本競

爭失敗的情境徹底扭轉，創造出起死回生的關鍵；我們所認為的優勢，在競爭狀態中也有可能變成劣勢，因為太過相信自己的能力而疏忽之類的理由，會導致在競爭中敗下陣來的結果。

所以要避免因為缺乏競爭而退化，最好還是要找尋一個存在著競爭、所有人成員都卯足了勁在努力拚搏的環境，才能真正看清自己的問題，做出最恰當的改善。對於已經進入社會的人來說，離開沒有競爭的單位、找到一個還有競爭關係的職場，是讓自己維持優秀最好的辦法；對於學生來說，無論是轉學還是在校外的補習機構尋找競爭關係，只要在個人條件允許的狀況下，都是解決競爭問題的好方法。

列表以競爭對手角度分析自己的做法，是沒有辦法中的最後一個辦法，但事實上，離開做一天和尚敲一天鐘的安逸環境，才是維持個人競爭力的最優方案。

Plus 15

互扯後腿的螃蟹效應

★★★

鯰魚效應是一種以個體激勵群體，使群體因為危機感和好勝心而產生努力向上、超越威脅者的一種積極心理，與這個概念相反的則是螃蟹效應，這個概念是消極的心理狀態，是一種群體共同墮落的心理學現象。

螃蟹效應是一種共沉淪的負面現象，這個效應的來源是來自螃蟹被捕撈後會出現的一種狀況——

當漁夫捕起一隻螃蟹時，他需要在裝螃蟹的桶子上蓋上蓋子，避免螃蟹爬出捕撈桶；但若漁夫已抓捕了一整堆的螃蟹，即便桶子裡的螃蟹已經多到快要滿出來的程度，就不需要擔心牠們會爬出桶子。這時的桶子不再需要蓋子，因為當最接近開口的螃蟹快要從捕撈桶裡爬出來時，其他螃蟹會盡全力拉住牠的腿，想把牠拉到所有螃蟹的下層位置，避免牠離開這個桶子。

這種拖後腿的效應是鯰魚效應的另一個極端，也是很多企業

最怕看見的職場狀態，身處在這種現象的公司裡，沒有人能夠出頭，所有人都恨不得一直維持低水平的工作效率，只要有個特別上進、特別努力的人出現，其他人就會開始用人際壓力、勾心鬥角的方法去搞破壞，直到所有有幹勁、想改變現狀的人不敢再繼續精進自己的能力為止。這種職場環境非常不健康，在這種狀況下，企業從上到下的所有人都不能互相信賴，對彼此不信任的結果就是沒辦法彼此合作，協力並進讓公司走向更進步的道路。

我沒有的你也不許擁有

以下分享一個故事。有一天，神明來到了某個幸運兒面前，向他承諾道：「我會完成你的三個願望，但每完成一個願望，就會給你的鄰居兩倍願望的恩典。」

這時，幸運兒感到十分開心，他迫不及待地向神明述說了第一個願望。他說：「我想成為千萬富翁。」在說完的下一秒鐘，他興奮地看了看自己的金庫，他的金庫堆滿了錢幣，而在同時，他的鄰居也如同神明所說，成為了比他更加富有的千萬富翁。

原本沉浸在擁有千萬財富而開心不已的幸運兒，在看到鄰居變得更加富有後瞬間冷卻，雖然從神的手上獲取了意外的財富，但這個幸運兒卻有了一點點不開心。他整理好心情後，第二次向神明提出了自己的願望：「我想要一個溫柔賢慧，而且燒得一手好菜的漂亮妻子。」這一次，他的心願依然實現了，一名溫柔又漂亮，還有著完美廚藝的女子站在他的家門前，柔情似水地看著他，喊他丈夫。幸運兒欣喜若狂地抱住了女子，感覺自己就是個人生贏家。但幾天後，他看到了鄰居的新婚妻子，這個女子比幸運兒的妻子更加溫柔美麗，而且她除了能料理出一桌美味家常菜之外，還能準備一桌媲美高級餐廳菜色的高檔料理。

這時，除了幸運兒之外，其他人紛紛表示了對鄰居的羨慕，看著春風得意的鄰居，幸運兒的不滿到達了巔峰，於是，當神明如約第三次來到他的面前時，他毫不猶豫地回答道：「我想弄瞎我的一隻眼睛，這樣子我就能讓我的鄰居瞎了！」

這個故事看起來十分荒謬，卻也能貼切說明螃蟹效應的核心概念，也就是「我沒有的東西你就不能有，我有的東西你不能比我多」的自私想法。

當抱持著這種心態的人超過半數以上，這家公司的實力就會一再下降，因為所有員工都將心力放在內鬥上面，大家都想要踩著同事上位，或者拉頂頭上司下馬，好讓自己取而代之。這種心態會毀了一家公司，因為沒有意義的內鬥會降低所有人的工作效率，並破壞職場氛圍，對整個團隊帶來毀滅性的影響。

用一致對外的攻擊力取代共沉淪的內鬥

與鯰魚效應一樣，在螃蟹效應中也會有「相對優秀的比較對象」去激起所有人的危機感，但不同的地方是：在鯰魚效應中，進入職場中的優秀鯰魚會激起所有人的努力和征服欲望，所有人都是以推動公司、完成公司目標作為比較的標準，將鯰魚視為超越的對象，此時的競爭是以「提升個人能力」為手段，跟鯰魚型人物一起共同成長，並在競爭過程中逐漸磨合，達成一種競爭與互助平衡的良性狀態。

在螃蟹效應中，拔尖的螃蟹會被從頂端拉下，所有人既抗拒他人的成長，又拒絕為了讓自己進步而努力，此時的競爭是以「拉低他人的能力和地位」為手段，既不想讓最靠近開口的螃蟹爬出桶子，又不想提升自己的實力，去爬出這個低階人員的職位木桶。

對螃蟹們來說，他們就算有一天清醒過來想要開始努力，其他人也不允許他這麼做，因為他的努力會讓其他人搶不到機會，本來在大家一樣差的狀況下，機會會隨機降臨，但當一個人開始

優秀起來、脫穎而出時，「公平」的現狀就這樣被打破了。

站在公司角度來看，要破解螃蟹效應，就要設定明確而有一定難度的發展目標，用「共同對外」的方式去轉移焦點，藉此改變成員間內鬥的狀況。沒有明確的發展目標，員工沒辦法判斷要靠什麼去建功立業，空有努力的決心，沒能找到努力的目標，就會變成用攻擊其他夥伴的方式，去發洩蓄積的力量，還有爭取上位的機會。

另外，要建立完善的升遷制度和聘雇機制，不要讓能力不足、貢獻不夠的人去坐上不屬於他的位置，只有制定嚴格的規定，按照標準去調動人事，才能讓所有人知道靠陰私的手段無法取得重要的地位，只有踏實努力做事、提高實力，才能拿到屬於自己的那份殊榮。

在建立完善的用人標準之後，還要確定每個職位的權力與責任是對等的，擁有更高權力的人，必須要認知到自己肩負的是什麼樣的責任，公司分配給高級主管的工作只會比基層人員的更難、更重要，當所有人都知道並認同這個規則後，想升職的人會去考慮自己究竟扛不扛得起來這份重擔，有能力並願意挑戰自我的人自然會去爭取，而剩下的人則會在評估自身能力後選擇放棄，不再試圖將積極上進者拉下馬，安然地堅守著現在的崗位。

要停止內鬥，從自己開始

對於團體中一般位置的普通人來說，要擺脫螃蟹效應扯後腿的現象，首先要能做到先檢視自己的心態，先學會檢查自己是否正在拖同事後腿。如果有，就由自己先停止這種不良的行為，避免繼續樹敵；如果沒有，就在過去尊重他人的基礎上繼續向他人示好，提高待人接物的能力，將敵人轉化成同伴，讓別人在機會輪到自己時手下留情，在未來，如果輪到其他人得到了升遷的入場券，不要忘記感謝他們的「不殺之恩」，在許可範圍下拉他們一把，給他們一個擺脫低層次競爭的機會。

但如果在自己先釋出善意示好後，卻依然被其他人打壓和擾亂的話，就要考慮放棄和這些不將力量用在正途上的小人分道揚鑣，另謀高就了。

Plus
16

鯰魚效應V.S.俄羅斯娃娃效應

★★★

俄羅斯娃娃帶來的啟發

鯰魚效應和螃蟹效應的競爭類型都是屬於平級或者下對上的衝突模式，平級者要彼此競爭、分出高下，下對上則是在推翻，進行「下剋上」的改朝換代。與前兩者不同，俄羅斯娃娃效應指的是上級面對來自下級帶來的競爭壓力，預防性使用的一種管理手段。

俄羅斯娃娃效應，與奧格威定律有著共同的來源，但兩個概念略有差異。關於這兩個現象、定律的由來，有一個非常有趣的故事：

大衛・奧格威是著名的廣告教父、奧美公司的創始人，在一次董事會上，他在每一位董事的桌上各放了一個俄羅斯娃娃，董事們面面相覷，不知道他是什麼用意，奧格威示意董事們將娃娃一層一層打開，並說了一句：「打開吧，那個就是你們。」當娃娃逐漸被打開，到了最後面、最小的那一層時，裡面裝了一張紙條，紙條的上面這樣寫著：

「如果你經常僱傭比你弱小的人，將來我們就會變成一家侏儒公司。相反，如果你總是僱傭比你強大的人，日後我們必定會成為一家巨人公司。」

同樣來自於這個故事，俄羅斯娃娃的概念是說明「上司一般會雇用能力不如自己的下屬，以避免有一天被取而代之」的狀況，而奧格威定律則是「聘用比自己能力更強的人，能夠使企業往高處走，不會因為被草包堆滿而走向滅亡」。在此先比較俄羅斯娃娃效應與鯰魚效應的關係。

來自對下級恐懼的防備心態

如前文所說，俄羅斯娃娃相對於鯰魚效應，更偏向上級對下級的防禦做法，害怕在競爭中失利而被取代的心態，讓這些上司、管理者們不願雇用有能力的下屬，他們會用盡一切辦法去阻止下屬取而代之，怕自己好不容易取得的地位就這樣拱手讓人。因為害怕能力優秀的下屬被再上一級的主管看到並讚賞，而越級

提拔上位，所以他們會找與自己性質相似，但能力卻低於自己的人，以確保這些人不會有機會得到上司的青睞。

因為手底下的人全都不如自己，所以企業高層會開始感覺到公司出了問題，發現招募進公司的人能力都不夠，過往只要兩個人就能完成的工作量，開始變成需要聘雇四、五個人，才能在一樣的時間裡完成，而且就算完成了任務，成果的品質卻不如預期，只能勉勉強強過關而已。

於是企業就開始進入一種惡性循環，人員招募了之後發現能力太差，無法擔起責任；工作無法只靠現有的人去完成，所以又繼續招募，久而久之，公司就會發現雖然招了非常多的新人，但這些人只是讓公司在薪水上消耗了大量成本，但實際上並沒有發揮產能、帶來獲利，公司的營運依然像是在泥漿中走路，各種發展、政策推行窒礙難行，無法達到預期中的成長。

要避免俄羅斯娃娃效應，企業高級管理者可以這麼做：

1 增加其他階層主管的安全感

制訂一些對主管的保障措施，例如：規定同一團隊的直線下屬不可以直接升級，取代現在頂頭上司的位置。

❷ 將下屬的績效和能力和上司的結合

當同層級主管要挑其中一個提拔時，將同團隊下屬在期間內的績效和能力放入主管的考核項目中，整個團隊的成員都表現良好時，主管就能加分。

❸ 優秀接班人獎勵

當公司的崗位需要下一個人去接替時，可以鼓勵主管建議和提拔一些優秀的人上來接班，經過能力考核後，若符合該職務的需求，就在新官上任後給提拔下屬的主管一點獎勵，感謝他為公司培養優秀接班人的辛勞。

❹ 改變氛圍

當集體業績上漲時，適時給所有人獎金，並在平時的工作、會議中多花時間宣導、傳揚公司的理念和願景，讓所有人對內的競爭力量轉向對外發展的衝勁，減少內耗。

❺ 增加主管們的領導技能

透過企業管理相關的培訓課程，提高主管們的管理能力和管理意識，讓他們將注意力放在提升技能上面，而不是不停地關注自己是否比下屬更優秀。

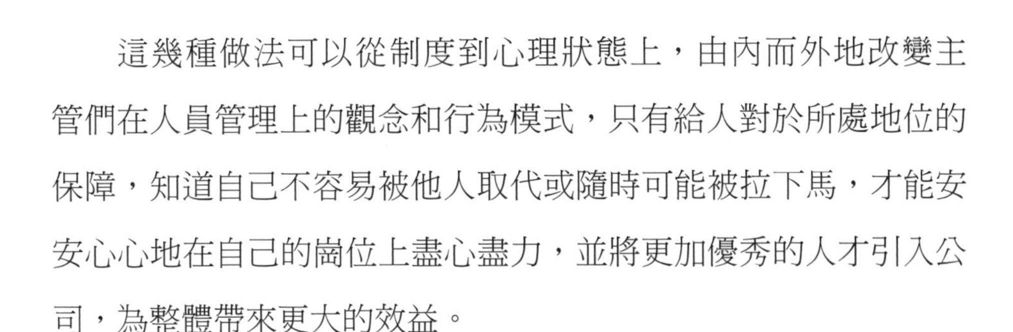

這幾種做法可以從制度到心理狀態上，由內而外地改變主管們在人員管理上的觀念和行為模式，只有給人對於所處地位的保障，知道自己不容易被他人取代或隨時可能被拉下馬，才能安安心心地在自己的崗位上盡心盡力，並將更加優秀的人才引入公司，為整體帶來更大的效益。

Plus 17 奧格威法則

★★★

前面提到奧格威法則跟俄羅斯娃娃效應有共同的來源，它們要述說的道理非常相似，但相較於俄羅斯娃娃只注重上級聘用平庸下屬的心理探討，奧格威法則比較像是在比對主管的兩種做法分別帶來的影響。

當所有上級主管、公司主要領導者無法聘用能力比自己好、效率比自己高的員工時，公司就會逐漸被無能的下屬塞滿，平庸的員工沒辦法給企業帶來更高的效益，長久下來，公司就會平庸化，沒有能力去發展新的業務，擴大公司的經營規模。

當管理者們有足夠寬大的心胸去接納優秀的下屬，並且有信心能很好地對團隊成員進行管理、分配工作，一家企業的風氣就會逐漸走向正面，容得下強者的風格也能創造口碑，吸引更多優秀的人才加入，增加更多可用的生力軍，讓公司的人事運作維持在一個好的循環狀態裡。

簡單來說，俄羅斯娃娃效應討論的是心理與行為，奧格威法則則是討論這些行為會帶來的結果。

楚漢相爭故事中的奧格威法則

奧格威法則最好的一個例子，就是楚漢相爭時期劉邦和項羽的故事。他們兩人分別代表了奧格威法則裡所提及的兩種相反狀態，且按照歷史最後的結局，也能完美詮釋法則中提到的兩種方向帶來的結果。

以劉邦的陣營來說，劉邦本人並非是那種有著真才實學、足智多謀的優秀人才，相反的，大家對他早年的評價通常是用無所事事、無賴之流等，這樣的形容充分地將劉邦本人的地痞形象展現了出來。

雖然有著無才能、無學識的外在形象，但他有個最大的優點：能忍人所不能忍，能容人所不能容。這樣的優點讓他能接受他的團隊裡出謀劃策的人都比自己優秀，因此在他的陣營裡，有像是張良、韓信這種千年難遇的人物。他曾經在一次和功臣們的宴席上說過這樣的一段話：「夫運籌策帷帳之中，決勝於千里之外，吾不如子房。鎮國家，撫百姓，給餽饟，不絕糧道，吾不如蕭何。連百萬之軍，戰必勝，攻必取，吾不如韓信。此三者，皆

人傑也，吾能用之，此吾所以取天下也。項羽有一范增而不能用，此其所以為我擒也。」

這段話證明了劉邦不僅有容人的心胸，同時也深諳知人善任的重要性，並以此為傲。他能容得下張良有遠見、有謀略，能在千里之外掌控全盤局勢；他能容得下蕭何有手腕、有治理家國的能力，能調動大量資源供戰爭所需卻不出錯；他能容得下韓信有威信、有率百萬兵馬的能力，能百戰百勝、少有敗績。這些能力劉邦自己都沒有，但凡他因為猜忌而不用、不留這些人，都創造不出後來史書上所記載的那些歷史，他接受了這些人優異的能力，並將他們放到最適合的位置上，所以才造就了四百年的漢朝盛世。

至於項羽的部分，用劉邦的話來說，他的陣營裡也有一位和張良不相上下的謀士范增，項羽雖然恭敬地稱之為「亞父」，但每當范增提醒項羽重要的事情，叮囑他一定要做或者一定不能做，他卻把這些叮嚀當作耳邊風，只做自己認為對的、做自己想要做的事情，到最後，劉邦陣營的陳平利用了反間計使這對君臣離心，讓項羽徹底變成孤身一人，身邊再無可用之人。當項羽身邊最重要的謀士范增因病死去，楚漢相爭的局面幾乎可以說是大局已定了。

除去范增之外，韓信、陳平等人最早也都是從項羽的陣營裡

出來的，但他們有才能、有野心卻同樣得不到機會，項羽就像一個公司裡自大的上司一樣，看不見下屬的優點，就算看到了，也不會給他們任何出頭的可能，他只會用自己的觀點剛愎自用地決定用人的方式，同時，他還只能接受自己建功立業、全部功勞都要是自己的，粗暴地扼殺了自己的陣營加入可用之人的機會。

所以楚陣營敗了，西楚霸王項羽最終什麼都沒了，只留下了烏江自刎的結局，以及和虞姬那淒美但結果並不美好的故事。

從楚漢相爭的故事看奧格威法則，就能知道：對管理者來說，能學會知人善用，遠比自身優秀來得重要許多。

PART

2

達克效應

是源自美國康乃爾大學的社會心理學家大衛・鄧寧（David Dunning）和賈斯汀・克魯格（Justin Kruger）所共同發表的研究。

蠢人囂張；智者謙虛。越無知的人越自信？

DUNNING-KRUGER EFFECT

What & Why
1

達克效應背後的故事

愚蠢搶案給科學家的啟發

達克效應，又叫做鄧寧-克魯格效應（Dunning-Kruger Effect），是由美國康乃爾大學的社會心理學家大衛・鄧寧（David Dunning）和賈斯汀・克魯格（Justin Kruger）所提出的，他們之所以會開始研究這種心理學現象，是由於當時發生的一起社會事件引發他們對這種現象的好奇。在開始解釋這個效應之前，我們先來看這個故事：

1995年的1月6日，美國的匹茲堡發生了一個讓人哭笑不得的銀行搶案：一個名叫麥克阿瑟・惠勒的人，和他的同夥在沒有經過偽裝的情況下持槍搶劫了兩家銀行，幾天後同夥先一步被警察逮捕，而惠勒則是在劫匪影像被公布後，於做案三個月左右被逮捕。被抓到時，惠勒非常地震驚，驚呼連連地說：「我有塗了

檸檬汁啊！」警察在聽到他們的陳述時充滿了疑惑，直到他們在口供中提到搶劫前的事前準備時，眾人才終於恍然大悟。

原來，他們在某個科學小實驗中發現用檸檬汁在白紙上書寫時筆跡會消失不見，直到使用蠟燭或火柴加熱後才會讓字出現在白紙上，這個實驗讓他們相信檸檬汁具有使物體透明化的能力，所以他們在搶劫前用檸檬汁塗滿自己的臉，認為這樣可以使攝影機失靈，讓他們的影像從攝影機前消失。搶劫在美國都是一個不可小覷的罪名，於是他們被判處了將近25年的徒刑。

這樁搶劫案看起來十分可笑，但這個看起來十分荒謬的案件卻激起了兩位心理學家的好奇心。大衛・鄧寧和賈斯汀・克魯格兩位心理學家在這件事情發生後，針對惠勒和幾個康乃爾大學的學生展開研究，想以此了解這種心態產生的原因究竟為何。在所有研究正式開始之前，他們做了四個可能導致這種現象發生的假設：

1. 與有能力的人相比，沒有能力的人會比其他專業的人更容易高估自己客觀標準下的能力值。
2. 沒有能力的人會出現後設認知障礙，他們比一般人更難以客觀的事實去分辨能力高低。對於能力不足者來說，正確評估自己的程度是一件相當困難的事情，同時，他們無法準確判斷能力的對象並不僅限於自己，還包含了其他的所有人。

3. 能力不足的人無法靠著與他人互動取得社會信息，以此識別自己真正的能力水準。因為他們無法評估他人的能力，所以無法有效地取得正確的標準，去判斷自己處在什麼樣的程度上。
4. 不具專業性的人還是有可能發現自己的評估出現了錯誤、了解到自己的程度不如想像那般出眾，但要成功地修正自我認知，就必須靠著能力的持續提升，才能慢慢改善後設認知障礙的問題。當後設認知被補足時，對自我與他人的評價就會出現改變，這時他們就能開始知道要如何去分辨能力的好壞、能力出眾者與平庸者的差異到底在哪裡。

研究自我高估議題的搞笑研究

教授們在第一階段的研究中以幽默為主題，首先找了幾位喜劇演員來協助幽默感測試，用他們的幽默感作為標準，去判斷普通人的幽默能力，以此來觀察能力及自我感覺的關聯性。

這個研究是這樣操作的：他們找來了幾個笑話，寄出很多信件邀請喜劇演員們參與測驗，讓他們去判斷這些笑話在大眾眼中是否好笑。在傳送出去的邀請信函中，有其中八位收件者回覆了

郵件，以專業工作者的角度去對笑話做出評價。鄧寧與克魯格教授在經過統計後，刪除了其中一份與其他評價沒有正相關的評分表，接著將七位喜劇演員們給的評分取了均值，當作測驗標準。

專業能力的標準準備完畢後，他們用學分吸引了65名心理系的學生，讓他們自願參加實驗，做了和喜劇演員們一模一樣的測驗，並在測驗後進行能力分組，用測驗結果將這65個學生分成四個梯度。學生們的測驗過程和專家們幾乎一致，唯一不同的一個點是：他們在評分完後還需要進一步地對自己的幽默感進行程度猜測，這是專家組們沒有被要求的部分。

第一個測驗結束，實驗結果大致與假說相同，多數的人對於自己的能力評估都會比真實狀況略高一些，但排名在倒數四分之一的人會比一般人更高估自己、對自己更有自信，他們或許能發現自己不如前四分之一的人，但無法分辨出真正的差距有多大。

在自我評估的時候，他們對自己的能力沒有準確的認知，尤其是被劃入最差組別的學生，這些人會認為自己的幽默感處於平均值或者略低於平均值，但真正的分數卻遠遠低於他們的猜測。

這個實驗在某種程度上證實了兩位教授的假設，但由於幽默感是一種相對主觀且個體間感受差異極大的概念，不同的人對於好笑、好玩的標準會有不同的認知，再加上幽默感沒有一個特定的測驗指標，所以用幽默感作為檢測能力高低的項目並不貼切，無法很好地去證明教授們的猜想。

為了更嚴謹地去證實或推翻假設，兩位學者又做了另外兩種相對客觀的測試，分別是邏輯能力和英文文法測驗。當這兩項測驗結束後，鄧寧教授與克魯格教授整理了研究數據，發現這兩項實驗還是呈現出了一樣的結果：不管是在哪個領域中，懂得越少的人，就越容易錯估自己的能力，產生了盲目的自信。

這項實驗讓兩位心理學家榮獲了西元2000年的搞笑諾貝爾獎心理學獎，因為這個研究具有一定的諷刺性，證明了人類的愚蠢。時至今日，這個心理學效應常常被用來嘲諷他人或自我警惕，雖然一開始的實驗數據顯示那些專業表現力較差的人並沒有特別自傲，他們只覺得自己和所有人的差別不大，至少可以達到平均值上下而已，但實驗中這種高估自我能力的現象，已經變成了整個效應中的重點。

每當有人提到這個概念時，就會放大這種錯誤的自我評量，於是達克效應的意義已經逐漸變成「懂得少的人更容易相信自己有天分、有能力，與真正具有專業素養的人相比，他們更加自傲」——將實驗放入生活中去觀察時，我們發現確實也是如此，但有一部分人會用「越愚蠢的人越有自信」這種更加簡單粗暴的方式去解讀，這又何嘗不是達克效應的另一種展現方式？

知識的馬太效應

★★★

馬太效應所闡述的內容是「擁有的資源越多的人會得到越多，擁有的資源越少的人得到的東西越少」，而這種現象並不只是發生在有形的物品、金錢等資源上，在知識獲取的方面上也是如此。

在達克效應的實驗中可以看到一個現象：越是缺乏特定領域的知識或專業技能的人，越容易高估自己的能力；越是在特定領域有深度的知識掌握或擁有高度專業技能的人，越容易對自己抱持過低的評價。這種現象會造成門外漢與專家出現兩極分化的應對方式，並帶來天差地別的結果。

對某些在特定領域知道的不多、不具備足夠的專業技能的人，卻比真正的專家更容易感到自信，他們最常出現的想法就是「我會了」、「我懂了」和「我了解」，雖然對特定的知識了解不多，但因為無法正確了解一個陌生領域的知識量範圍真正的深度和廣度，以致於認為自己所擁有的知識已經足夠多、足夠確實，不需要繼續精進了。

受達克效應所影響的無知者就像是一個長期居住在乾旱地區的內陸孩童，當他有一天來到知識的河川邊時，就會認為這條普通的小河是世界上最雄偉的水文景象，他們不曾見過奔流不息的河川，所以會滿足於眼前所看到的景象，但他們並不知道比河川更壯闊的是可納百川的大海，那裡是所有河川的終點、是所有水滴的歸宿。當這些看過河流的孩子們回到沙漠時，他們可能會非常自傲地向其他人描述河流有多麼壯闊、多麼美麗，並享受著其他沒有看過河流的孩子們艷羨的目光，在他們的世界裡，河流是全世界最多寶貴水資源的地方，沒有什麼是比得過河流。

與無知者們相比，真正的專家與智者們就像是住在海邊的孩子們，他們從小接觸的、每日目之所及的都是被海洋包圍的景象，對他們來說，受沙漠孩子們所讚嘆的壯闊河山不及海的萬分之一，望不到盡頭的海洋就是他們生活中的一部分。

因為發現了海的無窮無盡，所以他們知道自己每天看見的海景實際上只不過是整片大海的一小塊區域，所以他們不會到處跟其他人談論自己家鄉的海洋有多麼波瀾壯闊，甚至有些海港的

孩子們因為嚮往被海洋包圍的感覺，或者對於海的另一端是什麼景象抱持著好奇，所以他們之中的有些人成為了遠洋捕撈者，另一部分人則成為了名留青史的探險家、歷史上著名的冒險者，哥倫布、麥哲倫等有名的探險家大半都是出自國界與海洋相接的國家，他們因為深知海的不可估量，所以抱持著探究真相與挖掘未知的決心，開啟了全世界各大洲、各個國家正式接觸的時代。

因為深知水所覆蓋的區域遠超所想，所以海島國的孩子們會更容易產生出尋找壯闊海洋邊界的動機，而對於內陸的孩子們來說，河流可能就是他們這一輩子所能接觸最壯觀的水文景象，他們無法想像任何更壯觀的畫面，因此就不會產生探究更洶湧壯闊的河川海洋的想法，比起大海，他們更明白沙漠的神秘、高山的千巖萬壑，所以他們更有可能成為開拓絲路的先行者或征服高山的極限冒險家。

對各個領域的外行或初學者而言，他們只知道某一領域中他們已經學到、看到的部分，因為沒有足夠充分的接觸，所以他們容易被目前的所看、所知限制住，不知道現在掌握的知識背後還有無數尚未被探究的內容，他們會像興奮的沙漠孩子一樣，手舞足蹈地向其他無知者分享「河流」的樣貌；對各個領域的專家而言，因為已經接觸過知識的「海洋」，所以他們會認為自己所掌握的專業知識或技能非常渺小，因為人外有人、天外有天，所以

他們不僅不願意將自己的「無知」展示於人前，甚至會對自己的專業能力產生登峰造極的野心，想看看到了那個位置上能看到什麼樣的景色，能接觸的又是什麼樣的人。

你擁有了，我必讓你更加富足；你缺乏了，我將使你更加匱乏。馬太效應的核心概念與達克效應造成的結果不謀而合，專業知識不足的人因為自信而不再繼續學習，但學如逆水行舟，不進則退，最後這些無知者將變得更加無知，過去所掌握的粗淺知識會隨著時間的前進而逐漸淡化，甚至與其他內容混淆夾雜，導致本來就不確實的學習變得更加殘缺不全；掌握的專業知識跨越了某個範圍的專家，會因為認知到自己的不足而逐漸平和、變得謙虛，他們會強化自己的專業、更努力地學習，最後這些跨越了無知範圍、逐漸踏入專家門檻的鑽研者會超越原先的自己，真正走向一個領域的頂點，成為一個領域中匠師等級的重要存在。

小說《三體》裡有一句話是這樣說的：「毀滅我們的不是無知，而是傲慢。」這句話說明了達克效應的本質——讓一個人被拒於一項專業之外、無法成就榮耀的絕望並非來自無知本身，而是蔑視一切、對廣大的知識之海抱持的傲慢態度，這種傲慢不見得是直接展現在外在言語與神態上的，而是受潛意識的影響，因此在不經意的行為和態度上悄悄出現，難以直接察覺並做出改變。但察覺到這種傲慢是開啟專業大門的第一把鑰匙，如果沒有

發現自己出現了驕傲與自大的問題，就無法取得進入知識殿堂的資格。

無知可以透過長時間的學習、訓練與鑽研而產生改變，但只要心存傲慢和自大，就不可能有開始努力改變無知的念頭出現。

要擺脫這種深藏在骨子裡的傲慢，就要用謙虛和完全與自滿相反的自我懷疑去取代，將對自我極限的認知和對個人能力的質疑融進骨血中，用更加敬畏和虔誠的心態去看待這個世界，當一個人從潛意識到意識都發現了謙遜的重要性，了解自己在龐大的知識系統和無邊無盡的世界真相面前有多麼渺小時，才會真正沉澱下來，用更謙卑的態度去追尋各個領域的未知知識。

 自知之明是擺脫匱乏的第一步

《道德經》第三十三章中寫道：「知人者智，自知者明。」能夠了解別人的人是聰明的，而能夠清楚認清自己能力的人，才是真正具有高度智慧、通透且能正確認知自己與周遭人、事、物關係的明白人，不論是比他人優秀還是實際能力不如他人，他們都能用客觀的角度去審視自己，找出自己的不足之處加以改正，所以他們極少因為過於自大而導致專業能力培養的缺乏。

面對他人的批評，他們能客觀分析，找出正確的部分虛心接

受並加以吸收，找出挑毛病的部分一笑置之、不放在心上；面對他人的讚揚，他們能理智看待，找出真實的優點維持並落實在生活中，找出言過其實的部分進行反思，並努力實踐讓自己更加符合評價。

這些人是知識的馬太效應中富足的那群人，因為對自己有正確的認知，所以在其他人處於入門的知識攝取停滯期時，他們會毫不猶豫地繼續深挖自己不知道的事物，用一種一心一意追求真理、絕不驕傲自滿的穩定心態繼續向前，展現出觸不到專業的頂點就不停止的決心。

許多專業中的頂級大師、德高望重的智者和擁有最佳手藝的宗師都是屬於這類型的人，他們比很多中途停下、後來又再次開始或者半途而廢、直接認為自己已經足夠優秀的人能達到更高的位置，因為這群人的一生中幾乎沒有空白區間，每一分、每一秒都是為了成就巔峰而努力；他們沒有浪費時間，知道自己哪裡不足就能及時察覺或補救，每一分、每一毫都是扎實打下的基礎，不會有掌握的知識或技術缺東少西、千瘡百孔的狀況。

想要讓這一生不留遺憾、在自己喜歡或擅長的項目裡達到中上水準，就要學習如何更客觀、更準確地評價自己，只有成為一個有自知之明的人，才能盡可能地有效運用自己的時間，去豐富自己的人生、成就一番事業。

環境怎麼塑造自信的無能者？

★★★

是什麼給了無能者自信的勇氣

從2000年獲得搞笑諾貝爾獎心理學獎項後，達克效應發展至今日，已經逐漸廣為人知，許多人會將達克效應用在自以為是的人身上，去嘲諷一個無知且自大的人看起來有多麼可笑。一句隱晦的「你知道什麼是達克效應嗎？」就能讓知道這個概念的人暗自發笑，就像有某種默契一般，在心底偷偷嘲笑被譏諷的對象做出的行為、說出的話有多麼好笑，這在某種程度上反映了這個研究之所以能獲得搞笑諾貝爾獎的原因。

有一句俗話說：「整瓶水不會響，半瓶水響叮噹。」這句話就是對達克效應最好的註解，不論是在職場、校園或是日常生活中，常常都能看到一種人，他們充滿自信，讓人乍看之下會認為他們是非常有能力的人；他們喜歡高談闊論，不斷去評價別人的表現，而且好為人師，總是對其他人的所做所為指手劃腳，要所有人都聽從他的意見、想法來行事。

如果計畫很幸運地完成了，他們會認為自己有很大的功勞，是帶領所有人一起成功的大功臣；如果計畫很不幸地失敗了，他們反而會責怪別人，認為一定有人在計畫中沒能好好完成自己的角色，而導致他「完美」的計畫功虧一簣，破壞了他建功立業的機會。他們就像那半瓶水，明明只有一點點的知識掌握量，但還是會不停地宣揚自己有多麼優秀，認為別人都不夠專業，應該要照著他的話去做。反而是真正優秀的人，他們能分清其他人的能力，不輕易去指揮別人或提出意見，只在團體與他人需要時稍微推一把，針對問題的癥結點簡單地發表看法，讓其他人自己去想辦法解決剩下的部分，然後就這樣功成身退，不去提起自己的功勞。

根據鄧寧與克魯格兩位教授的觀點，這些狀況與「後設認知」有關，每個人的先天能力與後天學習會影響對「後設認知」的掌握程度，因此造成了自我認識的差異性。

後設認知

後設認知，又叫做元認知，雖然在目前的學術研究中並沒有

給這個學說一個嚴謹的定義，但以相對普遍的用法來看，這個概念指的是對「自身認知的認知」，也就是一個人是如何看待自己的認知與思維，並對個人的心智進行控制和引導的現象。

後設認知的理論中，與達克效應相關性最高，最能用來解釋達克效應產生來源的，就是Brown的理論，他將後設認知分為兩個步驟：

1 認知的知識

指學習者對於一般的認知知識、自己的認知程度及狀況，還有自身和環境互動產生的因果關係的覺察狀態。

藉由判斷自己所處的程度水準，以及附近環境、與他人能力的比較和關係的衡量等因素，個體會去思考要怎麼做才是對的，下一步的行動方式就會因此而受到影響。這種對知識的認知具有穩定性，在沒有外界的新刺激加入前都會維持一定的模式，另外，這種認知可能會因為個人的觀察能力較差而導致錯誤，並不是所有對知識的認知都是正確的。

2 認知的調節

認知的調節分為三個部分，分別是計畫、監控和檢核。

計畫指的是安排下一步的走向，這是基於與環境互動後得到

反饋，因此產生了個人的認知形成，於是根據所形成的認知，學習者會擬訂下一步的計畫，去進行與環境的互動。

監控是指在和環境的互動中去對結果進行觀察，並在過程中加入測試，去探究不同的互動方式所帶來的差異，接著根據觀察到的結果與過去進行比對與修正，然後去改正認知，並為下一次的互動重新安排策略，為之後與環境的交互做些準備。

檢核是在與環境互動之後，去對這一次的行動做出一些評估，去判斷此次的行動是否具有效能和效率、能否達成個人想要的結果，以作為下次行動方針的訂定依據。

根據這種理論的內容，可以知道一件事：想要對自己的認知、知識有著正確的知覺和評估，就必須不斷地經歷、學習，接著測試各種可能性並修正想法，才能慢慢培養出個人思維的正確認知。

把這個概念套回到達克效應上，就會發現：在一領域中掌握的知識不足的人，他們沒有在一個專業上經歷過足夠的互動（例如：閱讀足夠深入的專業書籍、與專家的互動與比較等），所以他們沒有夠多的比較對象和比較次數，阻礙了針對專業性培養的計畫產生；沒有關於特定專業的計畫，所以不會在特定的方向上產生可預測、修正的互動結果（例如：找尋相關知識的書籍，發現這類的書籍非常多、涉及的知識範圍遠比想像中來得廣，一次無法看完，就算看完了也無法順利吸收完畢）；因為沒有互動的結果可以用來修正對專業知識的錯誤認知，所以自滿者無法進行新一輪的評估，只能用舊有的認知素材去應對環境（充滿其他外行者的環境），所以就會形成並維持對自我認知程度的錯誤認知，認為自己非常專業、能力很強，在外人眼裡自然就會顯得充滿自信，具有信服力。

根據鄧寧和克魯格的實驗可以看得出來，對專業知識的認知不足，會導致後設認知缺乏的狀況出現。

除了對自己產生錯誤認知外，有些能力相對較弱的人會因為對一個領域的看法不夠客觀，所以他們在高看自己能力的同時，也無法正確評估他人的能力值，這就會導致他們經常想出手引領團隊、指揮其他人，但卻沒辦法給團隊帶來好的效果和影響。真正優秀的人不僅會覺得這些人非常愚蠢，還會覺得這些人很煩，干擾了很多事物的正常運行。

錯誤共識效應：「我跟大家一樣」的錯覺

★★★

錯誤共識效應

除了高估自己的能力之外，達克效應的實驗也出現了另一個有趣的現象：當一個人的能力值高於平均水準時，他就會做出與低能力水準的人截然不同的判斷。這些人會低估自己的能力，雖然對自己的評估還是等同或略高於其他人，但相對於測驗後得到的客觀分數去看，還是明顯低了不少。

這樣的結果非常有趣，不論是能力值偏高還是偏低的人，對自己的評估都會傾向以平均值去判斷。在實驗數據裡，可以看到受測者的能力有很明顯的極端值，最高分和最低分的四分之一相差了80個百分比左右，但在對自己的能力做評估時，所有人的預估值都在60～80的區間內，最高分組和最低分組都是如此。

對於這個現象，兩位心理學家把它歸咎於錯誤共識效應。

錯誤共識效應，指人們經常會過度放大自己的想法、喜好、能力和判斷，認為「大多數人一定也是這樣想的」、「大多數人的能力應該都跟我差不多」，事實往往並非如他們所想，但大家常常會把自己的看法套用在所有人身上，喜歡吃糖的人會覺得愛吃甜食的人應該佔多數、討厭運動的人會覺得喜歡靜態活動的人應該更多一些，而在這個實驗裡，不論是最高分組還是最低分組都產生了一種「其他人應該跟我一樣優秀／我應該跟其他人差不多」的錯誤共識，因此而出現高估／低估自己能力的結果。

在兩位心理學家後續的實驗中，發現高分組的人可以通過對其他人表現的觀察和深入了解去判斷出自己的真實能力，當這個群體的人看到其他同齡人的測驗成績不如自己時，他們會立刻察覺到自己的程度比想像中更高一些，於是在下一次的自我評量中，就能做出更加準確的判斷，給自己的排名會更接近正確的位置，低估的狀況會大幅減少。

與這些更有能力的受試者相比，低分組更難跳脫出錯誤共識的控制，即便給了其他同齡人的數據，這群人依然堅定地高估自己的能力。對於這樣的結果，教授們認為高分組導致錯誤共識的原因是對他人能力的錯估，而低分者則是來自於對自我能力的錯估，所以當了解了他人的普遍能力後，能力出眾者可以立刻調整認知，準確定位其他人的能力，藉此找出自己的真正排名；能力低下者即便意識到別人的成績狀況，但因為對自己的認知不夠準確、不夠了解，所以在看到其他人的分數時，可能只會樂觀地覺得「原來這份測驗很簡單嘛，大家都很高分」，但不會知道自己其實不如其他人。

這也就是說，只要有一定的能力，就能很簡單地破解錯誤共識效應，但對於能力不夠的人來說，很難擺脫錯誤共識帶來的影響力，除非靠著不斷練習、測試去認識到自己的不足、增加專業能力，否則半瓶水響叮噹的狀況會一直存在。

 練習造就正確的認知

實驗的最後一個部分也證明了練習的重要性，經過一定程度的練習後，受試者除了能力有顯著地提升外，比起沒有練習過的人來說，他們少了更多高估自己水準的狀況，自我評測時的真實成績和預估的排名會越來越接近。

當自信的門外漢經過學習，對特定領域研究得越來越深後，他們會從「我不知道我不知道(Unconscious incompetence)」的階段向前邁進，進入「我知道我不知道(Conscious incompetence)」的狀態，這時的入門者會陷入一種自我懷疑，認為自己是無知

的，他們開始發現這個領域的知識量比他們想像的還要更多、更廣，彷彿是一個沒有盡頭的無底洞，所以他們會開始陷入「絕望之谷」，不知道自己有沒有摸透一個專業的一天，對他們來說，他們開始發現自己的能力不行，但也搞不清楚其他人到底有多專業，這是培養能力的必要過程，有些人會被這種絕望壓垮而放棄，但這時放棄就等於永遠停在入門階段，只有打開這扇厚重的大門，才能開始塑造專業。

成功跨過了這個門檻，就會來到「我知道我知道(Conscious competence)」的時期，此時因為知識儲備量已經足夠，所以自信會再回到正常水平，但這種自信是和能力相匹配的，不再是如同井底之蛙般的盲目自信，因為知道自己了解什麼、不了解什麼，所以不會再隨意開口、想指揮大家，而是能在正確評估過後選擇自己能承擔的部分，去為團體或他人付出。

成為真正的專家後，進入最後一個階段——「我不知道我知道(Unconscious competence)」的狀態，此時專業技能已經如同呼吸一般簡單，就像是刻入腦中一樣，所以專家可以依靠本能完美地完成每一個動作，不需要刻意去思考。這時專家熟悉的相關領域對他們來說已經是理所當然的，他們可能會進入專業者的錯誤共識中，覺得這麼簡單的東西大家應該都會，所以除非遇到有人請教的狀況，否則不會再主動去教導他人或指手劃腳。

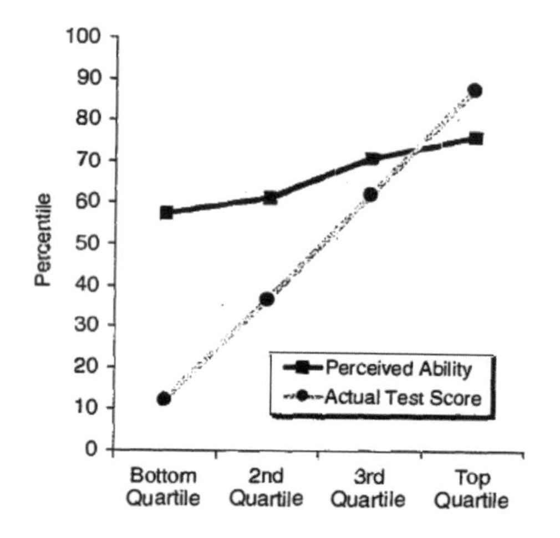

▲達克效應幽默測驗數據圖
（人格與社會心理學雜誌，77(6)，1121-1134，無知且不自知）

無知者的盛宴：如何完美迴避錯誤的網路資訊

★ ★ ★

 錯誤的示意圖

現在有許多科普心理學的網站或者相對淺顯的社會心理學書籍都會提到達克效應，並在文章中附上一張示意圖，用曲線去說明達克效應在專業技能提升時會經歷的過程，那張圖上包含著「愚昧之巔」、「絕望之谷」和「開悟山坡」，這張曲線圖通常是這麼畫的：

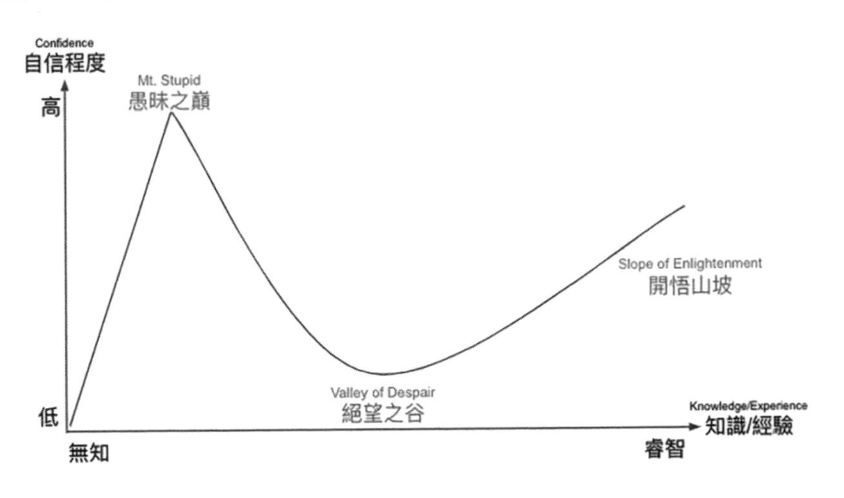

這張圖看起來似乎很有道理，搭配上達克效應的含義與實驗描述去看，會覺得這個曲線好像就是原始實驗的數據畫出來的結果。但如果再蒐集、尋找更多的資料，會發現這張圖並不是按著實驗結果畫出來的，如果按照實驗當下的數據去還原，應該會呈現如下圖一般的結果：

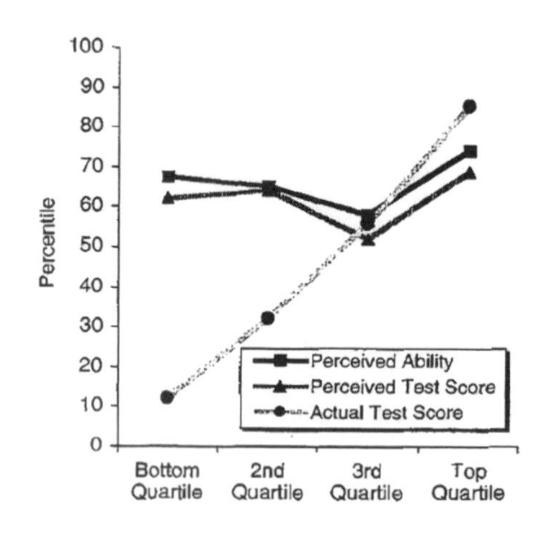

這張圖是在幽默測試項目結束後，文法項目的實驗數據，■的線條代表對自己能力的預測、▲代表對測驗分數的預測，●則是代表真實的測驗分數。鄧寧與克魯格教授在實驗中只有按照統計分析過後的數據進行折線圖的繪製，並沒有將圖片簡化，呈現出人們在專業能力培養上的狀態起伏，但為什麼會有前頁第一張圖的出現與廣泛流傳呢？

在目前已知的資料裡，並沒有找到第一張圖的真實出處，但有另外一張曲線形狀、幅度與之相同的圖片，不僅出現時間較早，而且可以很明確地找到圖片的來源，這張圖就是由高德納（Gartner）諮詢公司在1995年首次發表的「技術成熟度曲線」，這張圖不僅與達克效應的內容毫不相關，甚至都不是應用在相同的領域——愚昧之巔→開悟山坡被人們用在解釋社會心理學的達克效應上，而技術成熟度曲線則是科技領域的理論，講述的是新科技走向廣泛應用前必須經過的幾個周期，科技成熟度曲線的附圖如下：

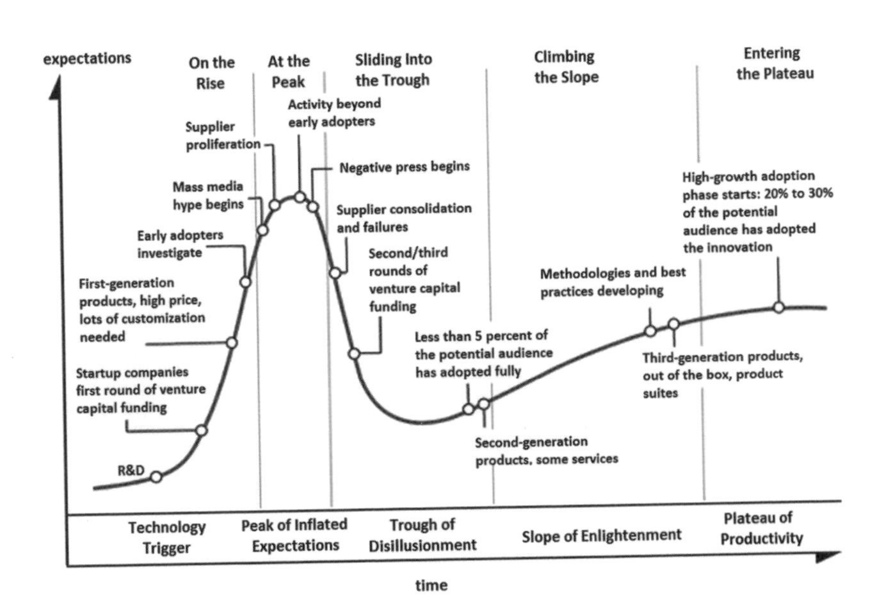

兩張圖僅有些微的不同，但很明顯地，1995年發表的曲線圖不可能抄襲2000年才發表的達克效應論文，所以目前最廣泛流傳的達克效應曲線圖不僅不符合真實，甚至還是套用其他理論

的模版，去強行解釋這個效應的運作模式。

雖然最早的達克效應示意圖出處已經不可考了，但至少能看出這張圖的作者也陷入了一種達克效應之中，他對這整個實驗不夠了解，因此而創造出一個錯誤的圖示去誤導大家，且後續越來越多試圖了解達克效應的人們經由網路去查詢相關資料，似乎也都默認了這張圖所具有的代表性，他們淺薄地了解這個效應之後，又接著向外傳播，因此而導致錯誤的圖片越傳越廣，直到這張圖產生了代表性為止，這種現象就是達克效應在生活中的展現方式。

只要用網路進行搜索，就會發現有不少人喜歡在部落格或各種網站上進行簡單的心理學、社會學現象科普，他們沒有經過扎實的相關背景教育，但在經過表面且短暫的資料查詢後，就會開始寫文章或拍影片進行下一步的知識分享，然而只要將他們的科普內容與學術資料、教材進行比對，就會發現這些網路資訊經不起推敲，只能引起非專業者好奇而已，不能帶來正確的知識補充。

 媒體識讀的重要性

在網路科技已經相當發達的現在，一般資訊與科技的傳播十

分快速，造成大量正確的、錯誤的知識混在一起，讓人不知道要如何去分辨信息的真偽，在像是ChatGPT這類人工智慧大量出現後，假資訊更是日亦猖獗，未經查證的資料更加快速地在網路上流通了起來。但許多人在看到一個新知識時不會進行查證的動作，甚至沒有仔細思考過，就急著對外分享，造成更多錯誤知識廣泛傳播的問題。專業度不夠卻好為人師的知識分享者與盲目接受資訊且大量向外傳播的人，都是導致如今的網路社群充斥著錯誤信息的推手，要避免陷入這場無知者們的狂歡盛宴，第一個要做的就是提高個人的媒體識讀能力。

要培養媒體識讀的能力，首先就是要能夠分辨出什麼是假新聞。國際圖書館協會聯盟曾經針對如何辨別假新聞這點給出建議，他們提出了八個步驟，讓閱聽人們可以用來過濾錯誤的資訊：

1. **了解資訊來源：**這則新聞出自哪裡？發表的網站是否可信任？可信度低的例子有維基百科，而可信度高的例子則有國家圖書館博碩士論文網。
2. **查核作者：**作者所書寫的資料是否有可信度，可以用他過去發表的文章被如何評價與回應去做統整判斷。
3. **檢查發布日期：**一則訊息、新聞是否與目前發生的重大時事相關？重大時事的例子有：選舉、疫情或大型國際運動賽事等。

4. **摒除偏見：**跳脫成見，擺脫個人信仰及立場對新聞真偽判斷的影響。

5. **詳細閱讀內文：**深入了解新聞的真實涵義，需要培養閱讀理解的能力。

6. **資料來源可信度：**所採用的資料來源是否可靠？可靠的資料來源包含論文、科學雜誌等，不可靠的資料來源則有農場文、特定的新聞網等。

7. **文章內容是否古怪：**如果文章內容怪異，可以先查詢網站與作者，以此了解新聞是否真實，或者只是一篇諷刺性文章，用詼諧的文筆和虛構的故事去嘲諷不合理的現象。

8. **向專家請教：**無法判斷時，可以向學者專家請益，包括教授、學者等，或找尋、瀏覽原始新聞網站，以識別是否為假新聞。

要避免成為假資訊傳播的幫兇，就要學會基本的消息真假判斷，在現代，越來越多國家開始重視下一代的媒體識讀能力培養問題，而對於已經進入社會、要靠自己學習如何判斷假新聞的成年人來說，只要能維持一個重要的心態，就能大大地減少被別有用心的人及達克效應的假專家操控的可能——對所有接收到的資訊優先抱持懷疑，就能避免被假新聞帶風向。

所有判斷與查證的動作背後，必然都有一份懷疑存在，而這樣的多疑，正是培養媒體識讀能力的核心精神。如果一個人能夠自己找到事情的真相，那他就不再是資訊傳播者的傀儡了，而是一個完全自由而理智的閱聽者，不但擺脫了各種意識形態的操弄，甚至還跳脫出盲目的資訊接收者及自認為博學多聞的假專家之列，真正地成為一個有著獨立思考能力的個體。

另外有個題外話：被認為是因為達克效應實驗而出現的圖片雖然是一個以訛傳訛的錯誤，但放到現實來看，似乎也蠻符合大多數人在不同學習歷程時的心理狀態，所以在不只有探討達克效應的情況下，這張圖也具有一定的討論價值，它所標示的知識獲取階段能很好地幫助自己進行自我檢視，探究自己目前的狀態並產生警惕，當自己的自信達到最高點時，就要有所警醒，了解自己是否處在最愚昧、最無知的狀態中，藉此遠離達克效應的陷阱，避免在成為真正的專家前就被第一個來自自身的心魔所阻擋，而被拒於專業知識的大門之外。

如果是要將知識學習的歷程與達克效應相關的資料分享給一無所知的對象，用這張圖做為輔助似乎也是個不錯的選擇，不需要全盤否定它存在的必要性。

高估自我帶來的毀滅：達克效應造成的重大事故

歷史上有許多重大事故，都與達克效應過度高估自身狀況、過度樂觀的概念有著高度的相關性，在這些事故之中，有很多都是原本可以避免或降低傷害，卻因為決策者對情勢、對使用狀況不夠熟悉而以輕忽的態度去面對，因此而造成重大傷亡的慘劇發生。

 鐵達尼號的歷史教訓

歷史上著名的鐵達尼號事故，就是一個可以用達克效應來說明的重大事故，這個航海史上最嚴重的災禍，在藝術的包裝下被蒙上了一層唯美的悲劇色彩，但除了將它賦予藝術上的價值之外，更應該要去釐清事故發生的主要原因，讓這個故事變成能夠

被後人參考、避免災難再度發生的歷史教訓。當時，因為各個不同工作崗位的人們同時出現了過於樂觀、自信的心態，做出了錯誤的決策，因此而導致這場讓許多人無法逃過災禍、葬身大海的悲劇發生。

在鐵達尼號建成、尚未出海之際，許多人對這艘船抱持很大的期待與關注，當時的船舶雜誌《造船專家》(The Shipbuilder)對它的評價極高，給出了「無與倫比的豪華規模」與「幾乎永不沉沒之船」的高度評價，這類的評價與期待似乎變成了精神上的麻醉藥，麻木了當時鐵達尼號相關人員們的警戒心。

無論是船隻持有者、即將上船的人、船長與負責傳遞消息的高級電報員，似乎都對這艘船有著盲目的信心，明明這只是一艘還沒有過航行經驗的嶄新船隻，但所有人幾乎都默認了它的安全程度，根據一些說法，可以看得出來船長當時過於鬆懈與疏忽的態度，他認為當時的科技已經足夠進步，應該可以應付冰山對船體所帶來威脅，讓船隻能不受冰山碰撞的意外影響，就算正面撞上了冰山，也可以正常地在都是冰山的海面上航行，完成它被賦予的航海任務——這就是這個事故中，第一個受到達克效應影響而出現的疏忽心態。

因為聽說過有其他船隻直面冰山的撞擊卻完成了航行，於是船長就錯誤地將成功的例子套入了鐵達尼號上。儘管鐵達尼號

的船長愛德華・約翰・史密斯的航海經驗可以算得上是專家等級了，但他對於指揮航海之外的知識可能並不足夠，就算有船隻克服了冰山危機，但這種經驗會受到非常多的原因影響，並不是每次都能夠成功複製的。

以氣候、天氣現象和水文等方面來說，有學者認為鐵達尼號行經事故地區的時候並沒有月光，加上當時所在的位置是冷、暖兩種洋流交會的地帶，所以容易因為光學現象而產生視覺錯覺，因此而無法立刻發現冰山，這些狀況也許在所謂「直面冰山的船隻」航行當下都沒有發生；以船體狀態來說，鐵達尼號是新的船隻，與船長所提到的那艘威廉皇儲號並不相同，威廉皇儲號經歷過許多的航行經驗，在這些經驗中驗證了它的堅固程度，鐵達尼號是初次航行，對於新的設備來說，應該要更謹慎地去進行評估，使用上也應該要更加小心，但船長因為曾經聽說的事件就表達了言論，這些言論就變成了接下來一連串連鎖效應的開端。

在船長發表了看法之後，不知道是不是受到船長的判斷與大眾的看法所影響，鐵達尼號航行計畫的決策者們減少了船上預備的救生艇數量，原本按照船體內的空間設計來看，鐵達尼號可以放入的救生艇原本能夠坐進多達4000人左右，如果將這些救生艇的容納位置放滿，事故當下就能夠使所有人都成功逃脫，在災難之中生還。

但是，決策者們在對於鐵達尼號的船體結構、可能發生的風險並沒有經過完整的評估，就決定只留下20艘事故救生艇、一千多個座位。這樣的逃生座位雖然多於相關單位所規定的最低要求，但卻無法讓所有的乘客都平安撤離，按照當時船上的人數來看，如果遇上突發事故且無法獲得外援的情況，就注定了會有三分之二的人必須被犧牲，隨著下沉的船隻一起葬身於大海中。

會有這樣的狀況，其實有很大的原因是來自當時的人們對於航海安全的主流看法：當時對救生艇的主要看法是認為它的功能是接送遇難者們到其他完好的船隻上，而不是讓所有的人都坐上救生艇離開，甚至有的人將維持船隻與乘客的安全視為船長與其他船員們的責任，認為只要有經驗足夠老道、航行技術足夠優秀的船長，那就不需要浪費額外的空間去容納「多餘的」救生設備。

就是因為這樣的觀念，所以當時的英國貿易委員會只規定要攜帶容納人數在900～1000人左右的救生艇，而不是依照船上的乘客總人數去準備、規劃需要的逃生裝置。這樣的觀點和規定，就是高估了人們對於自然和風險的控管能力，因此而產生的言論。不管是制定規定的人，還是在鐵達尼號行駛前決定要減少救生艇數量的決策者，這些人都用自己不夠正確的認知，去做了同樣不夠準確的風險評估與管理，他們或許可能想過發生海難的

可能性，但卻沒有足夠深入地去設想最糟糕的狀況——就像鐵達尼號最後所遇到的狀況一樣，船體在與冰山碰撞的過程中大量進水，而附近海域並沒有能夠及時進行救援行動的船隻，於是在滿是冰山與海上浮冰的海域中，鐵達尼號沉入了海中，與它一同被海洋吞噬的，還有超過三分之二的乘客生命。

這是第二個受到達克效應影響而造成的問題：決策者們認為自己不但符合規定，而且還完成了足夠的風險評估，並做出了符合評估結果的預備處理方式，但最後的結果證明他們並沒有做好全方位的考量，既高估了自己在風險管理上的能力，又高估了全體船員們做事的嚴謹程度與船隻的性能，因此讓那三分之二以上的乘客就這樣犧牲了性命。鐵達尼號的事故與其他歷史事件都說明了一個道理：在事故真正發生之前，無論一件事情本身具有的風險有多大，人類永遠都會先高估自己對於大自然、大環境的掌控能力，並忽略掉各種被隱藏在平靜之下的危險性，對可能發生的災害抱有僥倖的心理，直到事故發生後才會意識到事情遠比自己所想得還要更嚴重、更危險，先前的準備離足夠還有一段非常遙遠的距離。

除了救生艇和航海規定上的狀況之外，鐵達尼號還出現了電報員沒有即時將海冰相關的警告告知船長、船體出現破損後依然堅持前進一段時間、附近的船隻因為冷暖流交會的視覺錯覺以及

關停連絡設備而導致沒發現意外等狀況，這些巧合加在一起，於是造成了上千人罹難的重大災禍。

鐵達尼號的事故依分類來說應該屬於天災，但因為高估個人能力、高估船隻性能與結構穩固性，還有低估了天候、水文所具有的風險和危機等人為疏失，讓這件事情多了一些「人禍」的性質，造成這場悲劇的一連串錯誤判斷和過度樂觀，就像是要證明宿命論的正確性一樣，因為這些錯誤只要有一項能夠提前被阻止，可能都不會造成這麼多人犧牲的慘痛結局。

不過，這些錯誤的發生機率實在太高了，達克效應就像是一個刻在人類基因裡的詛咒，高估自我與低估他人、低估外在環境變化及風險就像是本能一樣，時時刻刻地從生活中的不同面向影響著所有的人，只要稍有鬆懈、沒有時刻提醒自己，就會從各式各樣的大小事中悄然出現，影響著我們在每一件事上的處理方式。

 挑戰者號太空梭事故

另一個與達克效應相關的事故，就是航太領域的挑戰者號太空梭事故。西元1986年的1月28日，挑戰者號太空梭為了順利地完成探索工作，所以在歷經異常嚴格的甄選與體能訓練後，挑

選出幾個適合的人選，分別是機長弗朗西斯・斯科比、駕駛員邁克爾・史密斯、非裔美籍的航太專家羅納德・麥克內爾、亞裔美籍的宇航員鬼塚承次（艾利森・鬼塚）、格理高利・傑維斯、朱蒂絲・雷斯尼克，以及想利用此次飛航引起學生對理科的興趣並向理科發展的一名美國女性教師克里斯塔・麥克利芙等人。

按照計畫，他們會搭乘美國航太總署（NASA）的「挑戰者號太空梭」（Space Shuttle Challenger），飛往外太空進行一次太空梭飛行探險計畫。在正式進行飛行之前，挑戰者太空梭因為長期的天候狀況問題而導致飛行計畫被一延再延，甚至到了出發前，太空梭內部有個結構出現了疑似損壞的狀況，因此而讓工程師們對於計畫的實行產生了疑慮。

這裡必須先提到一個火箭內部的構造，也就是協助火箭推進器運作的重要部分——環狀橡膠密封圈，這個結構的作用是確保火箭的固體助推劑在燃燒的時候不會讓燃燒所產生的氣體外洩，為了要順利到達宇宙，火箭的推進器一般都會產生大量的高溫高壓氣體，這時候就必須確保密封圈百分之百地處在密封狀態，避免外洩的氣體造成太空梭爆炸。要確保橡膠製的密封圈能夠真正發揮密封的作用，首先必須注意環境與機體的溫度，如果溫度過低，就會讓橡膠失去彈性，甚至讓密封圈因為被侵蝕而受損，造成推進器出現沒有密封的狀況。

在太空梭發射的當天清晨，零下三度的超低溫使密封圈出現了毀損和彈性破壞，當時協助太空梭發射的單位中，有幾名工程師對計畫能否順利進行表示了質疑與擔憂，建議將計畫暫緩，等待氣溫回升之後再做打算。但火箭推進器的承包商莫頓賽奧科公司（Morton-Thiokol）的管理者們在經過了一番私底下的討論與協調之後，認為低溫誘發橡膠密封圈失效的證據不足：因為在這之前，任何的太空梭要飛行的時候都高於會影響密封圈彈性的溫度，所以並沒有足夠的例子去證明過低溫會對飛行造成影響。

雖然工程師們都提出了風險與警告，但在看了檢驗報告後，莫頓賽奧科公司還是決定將維持飛行的建議提交給NASA，NASA也在當日上午向挑戰者送出發射的指令。

這是一個相當荒謬的決定，因為像發射太空梭這樣充滿了風險的事情，理論上應該要比平常更謹慎，就算以往有成功的例子，但既然工程師們提出了警告，就應該仔細參考、評估意外發生的可能，更何況過往的成功例子並沒有遇到過這麼極端的低溫。NASA接受了這份有兩位工程師拒絕署名的維持飛行建議，他們選擇相信合作機構的判斷，沒有做進一步的確認與檢查，導致重大的意外事故就這麼發生了，幾位太空梭上的成員因為莫頓賽奧科公司與NASA的輕忽與自以為是，就此殞落在高空中。

在這個事件中受達克效應影響的部分，就是認為橡膠圈的問題只是個小問題、只看著數據就直接下了定論的莫頓賽奧科公司管理者，這家公司的高層對太空梭的構造和材料科學理解不足，雖然他們是製造火箭推進器部件公司的經營者，但對航太設備的理解非常淺薄，這樣的知識缺乏讓他們無法更全面地去考量零件的狀態與風險間的關係，所以他們無視了來自真正的專家們的警告，用輕慢的態度去評估，為了利益而選擇向NASA提供不可靠的建議，帶來了毀滅性的災難。

他們的這項決策或許主要是基於利益而訂下的，但驅動這些管理者做出決定的主要原因不見得全是因為利益，更多的應該還是過於相信自己在航太領域所累積的經驗、低估了環境因素會增加飛行的風險這件事，因而成為推動七位太空人走向死亡的第一個幫兇。最後下了飛行指令的NASA與莫頓賽奧科公司不同，他們的錯誤決策並非是單一的理由所導致，他們受到莫頓賽奧科公司的評估所誤導，加上太空梭發射計畫的不斷延誤，時間的安排上出現了一定的壓力，導致他們對於完成計畫這件事有了急迫性，而變得疏忽大意，直接相信了合作單位的判斷。

這個事件的發生如果想從源頭上探究事故的根本，幾乎可以說是因為莫頓賽奧科公司的管理者們陷入了達克效應，才使得太空梭上的七名太空人就此犧牲，讓這個足以載入航太史中的大型事故發生。

達克效應除了會影響陷入其中的單一個體之外，還時常會為其他的合作對象甚至無關者帶來困擾，這些困擾並不僅限於破壞別人的計畫、拖延團體的進度等，有時候甚至可能帶來危險、威脅自己與他人的人身安全。

當負責決策的人因為達克效應而做出錯誤的決定時，好一點的狀況就是損壞團體利益，破壞了團體中的所有人原本能完成的任務；壞一點的狀況就會如同前文提到的兩個重大事故一樣，很多的人命會成為決策者受達克效應影響而錯誤決策的代價，而這些人命還只是表面看得到的受害者，死亡人數背後代表的可能是數不清的破碎家庭，所有人的命運都因為一個高估自我判斷的決策者而被改變，再也無法享受天倫之樂。

所以當身處高位、擁有更多決策的權力時，就更要時刻記得權力與責任間的關聯性，並更加注意達克效應帶來的影響。過度高估自己的能力，對於領導者、管理者來說是非常危險的一件事情。

What & Why 7

達克效應的危害：生活中的達克效應

 危險的隔代照顧者

達克效應對自我認知的影響，除了可能造成決策者的錯誤判斷之外，有時也會發生在一般人身上，並對個人或家庭成員帶來人身安全方面的危害。

例如，有些爺爺奶奶在照顧嬰幼兒時，常常會用錯誤的方式去面對各種突發狀況，像是生病時餵符水、偏方，發燒時以酒精擦拭身體、穿大量衣物或蓋大量棉被捂汗等。這些偏方不僅沒有用處，甚至會導致嬰孩的病情加重、延誤就醫，造成無法挽回的悲劇。有時會遇到非常堅持己見的隔代照顧者，即使舉出大量證據去阻止、去說服，也會得到一句「你們也是這樣帶大的」，去反駁有科學根據的可靠做法，這就是達克效應出現在生活中的

典型例子，這些長輩因為倖存者偏差以及對醫學、科學的有限了解，因此而傾向用錯誤的做法去解決問題，這種狀況經常造成無法挽回的傷害。

除了老一輩的陳舊觀念之外，生活中還有不少達克效應帶來的生活問題，這些問題可能會造成危險的出現，或者造成大量財物損失、經濟大受影響的狀況發生。

註：

倖存者偏差的概念就如同《思考的藝術》中所描述的那般：「在日常生活中，由於成功者的能見度壓倒性地高過失敗者，因此，人們總會系統性地高估了獲得成功的希望。」有些人們認為可行、容易成功的做法，實際上是因為失敗的例子難以被看見，因此給人一種容易成功的錯覺。舉文中的事件為例，將發燒的嬰兒以酒精在皮膚上進行擦拭，容易造成嬰兒因為酒精中毒而死亡，但因為嬰兒死亡的家庭不可能廣而告知家庭成員的死因，所以這件事的危險性就很難被傳播，人們只會看到少數對酒精抗性較好的嬰兒存活下來，且這些存活下來的嬰兒因為自體的免疫能力而成功退燒，所以照顧者可能會錯誤地將退燒原因歸於酒精之上，而未能意識到自己的孩子剛從酒精中毒死亡的風險中逃過一劫。

達克效應對經濟的危害

舉投資來說，許多投資新手在稍微閱讀了投資相關的書籍、

上了理財相關的課程後，就會開始對自己產生信心，認為自己已經具備了足夠的知識，可以開始進入股市、加入市場的遊戲中，成為一個出眾的投資人。

如果這些新手能夠在試水溫的初期投資中失敗並從中感受到挫折，那麼這樣的失敗就會讓他們快速冷靜下來，立刻了解到自己的能力、認清自己並不是有天分的天之驕子這個事實，從而更全面、更豐富地去學習；如果新手在初期投資階段獲得了微小的成功，投資的項目順利取得了回報，那麼接下來的投資過程極有可能會逐漸失控，直到一敗塗地為止。

一開始的成功，有可能會對新手的認知進行強化作用，加強他們對於「我很有能力」的錯誤認知，進而催化他們進入對投資的亢奮狀態。在這個時期，這些有點運氣或確實有些天分的人們會開始將金錢大量投入，相信自己的一切判斷與直覺，但其實他們用於判斷的知識與經驗並不足夠，所以就算投資前做了簡單的分析，也無法準確預測市場的走向。

於是賠了大量金錢的投資人會開始變得焦躁，他們急切地想靠著下一筆投資賺回本，高估自己在投資上的能力會讓他們相信單一一次的賠錢是因為運氣不好，而不是對自己的能力產生懷疑。這些人不會輕易收手，而是會逐漸將存款和薪水投入，如果沒有剩餘的錢可用，甚至可能會去借貸，期待能賺到足以還錢並增加個人資產的報酬。這個類型的投資者與賭徒沒有差別，他們急於求成，每次投資之間沒有自我反省和回顧的動作，所以他們始終如一，新手期對自己有多少自信，後期只會變本加厲，儘管能力並沒有顯著的進步，還是對自己的成功沾沾自喜，將一時的好運錯認為是自己的能力。

學習上的達克效應

達克效應不僅僅會發生在商業場域上，不管是什麼領域、什麼年紀，都有可能受到這個效應的影響，尤其是處在學習大量知識階段的學生族群。

在學生時期，尤其是中小學階段，除了一部分特別優秀、知道自己確切能力的人以及一部分在讀書上特別吃力、清楚自己有所不足的人之外，其餘中間能力的學生非常容易受到達克效應所影響，錯估了自己的能力，因為在校時期的成績會有固定的排名時間（期中、期末），能力相對優異的人會有正確的資訊去消除錯誤共識效應，而能力相對低的人則是會在考試時就感受到在作答上的無力感，或者根本就已經放棄了學習這件事情，因此心理會有個底，不會過於高估自己的成績，學生群體要拿掉極端值才能很清楚地看見達克效應的運作方式。

對於能力中間偏上的人來說，他們主要的競爭對象是那群站在金字塔頂端、不被列入探討的菁英族群，所以他們的目光長期追隨著最優秀的人，希望有一天能取而代之，也登上頂峰。所以他們在自我評估時可能會相對悲觀，認為自己的發揮不夠好，就算感覺考題寫起來很容易，也會認為這份試卷相對簡單、大家都會寫，所以不會在成績公布前預測自己能取得不錯的成績。

中間與中間偏下的學生因為排名長期不定，狀態也時常在改變，他們有時運氣好能遇到更多一點熟悉的題型，運氣不好則只能靠猜測去作答，因此對這個區間的學生來說，了解自己的程度是很困難的事情，特別是成績中等偏下的學生，經常發生明明錯誤率很高，卻覺得自己答得非常順、認為該次考試答題的正確率很高，這種狀況的發生，就是經典的達克效應。

對學科掌握度不足的學生，很難正確評估自己的真實程度，他們在學習時不知道自己不會什麼、課程內容吸收多少，因為沒有意識到學習不夠踏實，這個程度區間的人容易覺得「我都會了」，所以不願花更多時間在唸書上，課業表現就這樣維持在中等偏下的狀態，無法看到顯著的進步。

中上水準的學生不會過高地估算自己的名次，所以對於比預期中更高的名次時，不會有太大的情緒反應，相比之下，中下程度的人在看到偏低的排名時，可能會產生強烈的不解與失落，但他們會用各種可能去解釋表現較差的原因，就算對自己的表現確實進行了反思，也會在下一次重蹈覆轍，覺得自己已經有所進步，一定能表現得很好。

這種不斷重複的狀況會打擊信心，長久下來，不僅能力沒有提升，甚至還會產生自我懷疑，直到不願意再繼續努力為止。如果進入這種狀態，不僅會對個人的心理造成傷害，還會讓學生的潛力被限制，無法順利發展出健康的自我認同。

如何避免成為自認為專家的職場前輩？

★★★

 被達克效應影響的職場員工

職場上能看到一種人，他們的工作表現一般，或者總是給他人帶來困擾，但卻對其他同事的工作效率、做事方式各種抱怨，甚至出手「指點江山」、對其他人的工作指手畫腳，這種人就是達克效應在職場上的經典案例。陷入達克效應的人會有幾種展現方式：

1. 總是高估自己的工作表現，對於同事的付出視而不見，強調個人功勞。
2. 在同事獲得更多績效獎金或者被表揚時，經常性地抱怨不公平或不合理，找人訴苦，認為自己的付出和能力被忽視。

3. 對同事或下屬的工作內容挑三揀四，幾乎沒有人能不被挑剔。不見得會向他人吹噓自己的工作效率或成果，但看得出來對自己經手的業務很有信心。
4. 升職的機會很少給績效不佳的員工，所以輪不到這些人，但他們堅定地認為自己應該被提拔，若是不如預期，會不停向他人抱怨。
5. 上司或同事對其工作成果或提案作出否決意見或要求調整時，會表現出不滿，甚至拒絕修改計畫。
6. 與他們無關的事情也會講幾句話，有的人高談闊論，發表各種意見；有的人會全盤否決，以否定他人的方式提高自我地位。

避免被達克效應影響

職場上或許還能見到其他因為達克效應而產生的狀況，但這些是一般人比較好觀察的部分。遇到有以上狀況的同事時，職場氛圍會受到影響，這種類型的人容易干擾其他人的作業，為職場帶來負面作用。

受達克效應影響的對象不僅限於新進人員，如果仔細觀察職場，有時候會發現進入職場多年的老前輩更容易出現過度自信的狀況。這些職場老鳥雖然能力普通、不算出眾，但資歷給了老前輩們高估自我能力的倚仗，即使工作效率一般、績效普通，還在一個位置上待了很多年，沒有取得升職的資格，卻還是抱持著讓人匪夷所思的自信，干涉其他人的工作方式或嫉妒其他人的成就。

無法升職的職場老鳥，很有可能就是因為深受達克效應所害，無法擺脫高估自我的心態，從而導致止步不前的狀況。每個人或多或少都會受到達克效應所影響，若想要避免成為任由達克效應擺布、千年如一日般毫無長進的職場老鳥，可參考以下做法：

1 保持虛懷若谷的開放心態，要有隨時吸收建言的氣度

能容得下他人建議的人，必定具有對個人的不足進行反思的能力，這類人有著大方承認錯誤和自身才能不足的勇氣，他們在工作上、生活中會時刻提醒自己人無完人，並大量參考他人給出的評價和意見，真正去了解、分析自我認知與客觀事實的差異，最大程度地規避掉達克效應帶來的負面影響。

培養接受意見的心胸，是解決對自我能力過度樂觀的重要方法，不要全盤否定他人的勸戒、對所有挑剔和指責抱持警戒，有時候這些提醒和建議都是善意的，接受外界的觀點，才能適時修正自己的不足。

2 多與他人交流，聽別人說什麼

在職場中多聽、多學是擺脫達克效應影響的一個好方法，一個人如果只是不停地說，就容易過度關注自我意識，陷入自我中心與虛幻優越感的陷阱中。多聽別人說、接受來自各方的反饋，不管是好的還是壞的評價，都能成為評估自我能力的素材。不要讓自己花過多的時間在向外表述上，而減少了傾聽與接受新想法的時間。

3 不要用惡意、貶低的角度去看待他人

習慣以貶低的方式去看待別人，容易忽視人們的優點，因此而低估他人並高估自己的能力，這種做法會導致個人的自我滿足，在潛意識中植入自己特別優秀、比別人更好的錯誤認知，滿足於這種自我認知，容易產生「其他人都無法好好地完成工作」、「只有我很有效率」的錯覺，因此開始大量插手他人的工作內容或蔑視他人成就，同時造成學習意願降低，降低了提升自體能力的積極性。

再進一步發展，可能會發現自己貶低的對象都升職或加薪了，只有自己依然原地踏步、事業沒有任何進展，接著就是對職務或工作單位失去期待，不再有認真工作的動力，或產生轉換跑道、換個職場重新來過的念頭，但這些狀態和想法並不能幫助職

場老鳥得到更多機會，反而會因為過於浮動的態度和就業經歷而阻礙了自己的成長。

培養觀察別人優點的習慣，才能即時發現自己的不足之處，這樣不但能產生充實自我的動機，還能早點改變不好的習慣，避免發展出工作倦怠期。試著發現同事們的優點，積極地向他人學習、請教，增加職場中友善互動、互助成長的機會，讓整個團體呈現共同進步的良好狀態。

4 三思而後行

做每一件事之前，提醒自己不要盲目自信，也不要快速做決定，將達克效應的運作模式記在心裡，仔細思考每一個決定會帶來什麼影響。當一個人習慣快速地做決策，背後可能就藏有一份盲目的自信，只有在每一次做決定時都提醒自己不要過度相信自己的能力，才會慢慢地將謹慎變成一種習慣，融入生活之中。要了解自己的能力極限，清楚自己對事情的掌握度有多少，才能學會多方考量、避開重大的決策錯誤，減少在工作中出錯的可能性。

5 保持彈性思維，不要被「經驗」限制

有些人會非常依賴「經驗」去解決每一個問題、每一份工

作，但有時候靠著經驗去得出的解決方案雖然可以把事情處理掉，但並不是最有效率或是最佳的解法。

被經驗限制的人會陷入一種僵化的思維模式，他們會以單一的方法去應對所有類似的狀況，只要成功一次，就會將該做法變成習慣，並且直接認定那是唯一的解決方式，不再嘗試其他的可能性。這種「我的辦法是唯一的處理方法」的思維模式，就是達克效應造成的錯誤認知，有時這種經驗卻又是最吃力不討好的方法，明明有其他更省事、更不費力的方式可以參考，卻固執又呆板地重複唯一的一種做法，反而讓提升工作效率的機會被白白浪費。不要用單一的思維、習慣去處理所有事情，因為這種被限制住的處事之道可能並沒有想像中的方便，保持思維彈性、接受每件事情都有許多的可能性，就能隨時吸收新的做法和觀念，增加手中可用的「工具」。

巴菲特的至交好友、多年商業夥伴查理・蒙格曾經說過：「在手裡拿著鐵鎚的人眼中，世界就像一根釘子。」不要讓自己成為手上只有鐵鎚的人，只有讓思維和為人處事的風格靈活而變通，才能應對更多不同的工作和生活事件。

6 不斷學習新知識，讓自己持續進步

如實驗中兩位心理學家的結論，加深對專業知識的學習能夠

使人的後設認知增強，增強了後設認知之後，就能對自己有更客觀、更正確的評估。所以要減少達克效應所具有的影響力，就要加強在專業能力上的學習。

在職場中多學多看、努力觀察前輩和上司們是怎麼做的，當進入職場的時間越來越長、資歷逐漸加深，可以多找找與工作相關的雜誌、書籍或科技新知，甚至參考新人的工作方式，了解產業近期的發展趨勢和時代潮流，並找出可以用在工作上的新發明，讓自己維持在不斷吸收新事物的狀態。不論對象是誰，只要能夠提供新的知識，就值得拿來參考和學習，不用拘泥於資歷深淺，因為就算是新人，也有可能是非常優秀、能力出眾的菁英型人才，在觀察和向他們學習的過程中，就能深刻體會到自己的不足，減少高估個人能力的問題。

除了解決達克效應帶來的各種問題外，對新知識的不斷吸收也能讓工作上的表現變得更出色、更亮眼，而不是永遠保持在相同的能力水準上。

在《逆思維》這本書中，提到了人們在說話、做事時常見的幾種職業心態。拒絕修改不良提案與計畫、經常抱怨自己的努力或才能沒被看見的人，是受到所謂的「傳教士」思維影響，他們會過度保護並宣揚自己的想法，在遇到有人對自己的想法提出異議時，就會開始保護個人的想法並廣而告知、尋求認同。抱怨才能沒被發現，也是因為他們非常介意不被認同這件事，對「信仰」被他人忽視有所不滿。

否絕他人的想法和做事方式，是所謂的「檢察官」思維模式，他們會大量列舉原因去證明別人的想法是錯的，儘管他們的理論不一定站得住腳，但還是不停地去述說其他人之所以錯誤的原因。

當認為自己的新觀點、想法很好，想要主動流傳出去找尋支持者時，就是切換成「政客模式」，希望能得到群眾的支持，受到群眾肯定。這些職業心態許多人都會有，而這些模式之所以會出現，達克效應絕對是最主要的原因。《逆思維》的作者亞當．格蘭特（Adam Grant）對於這三種思維模式提出了解決方案，也就是在日常生活中維持「科學家」心態，這種思維模式的精神與達克效應的解套方式不謀而合，如果用簡單的詞句去形容，就是「謙遜」及「抱持著懷疑的好奇心」。

如果是在職場多年卻始終沒什麼長進的老員工，就應該開始檢視自己過往的心態，認清並接受自己的不足、保持思維的彈性和吸收新知的習慣，以優點去看待其他人、事、物。而剛進入新單位的職場新鮮人只要能維持以上幾個習慣，就能一定程度地減少被達克效應支配的可能。

How & Do 9

網路上的達克效應：不要成為傳播錯誤資訊的幫兇

★★★

資訊大爆炸世代的問題

現在是資訊爆炸的世代，網路及電子設備的發達，讓知識的流通量越來越大，不管是真實的訊息、虛假的傳聞都能輕鬆地放到各個網站上，被所有人看到。因為各種知識、信息都能輕易取得，所以達克效應的影響也逐漸體現在各個方面——每個人都能取得不同領域的相關資訊，但大多數人不會深入鑽研陌生領域的專業知識，對於各領域的了解只會停留在最淺層。

如果此時能意識到自己是個初學者而維持謙虛的心態，或者立刻忘記剛學過的新事物，直到有一天又再一次想起來並持續深入理解的話，就不會陷入高估個人能力的陷阱裡。但網路的方便讓所有人都能夠有「發表」的機會，於是網路成為了無知者們的

天堂，半瓶水響叮噹的門外漢與初學者在網路上誇誇其談，交流自以為是的猜測與真假難辨的奇怪消息。

這些網路上的無知者並沒有足以指導別人的資本，但他們會將曾經讀過的小短文、網路上的科普影片作為根據，去回答提問者的問題，或者反駁其他分享者，於是，幾個門外漢就開始引用各自看過的文章，去進行一場低水平、無專業價值的激烈辯論，這就是方便的資訊傳播管道造成的負面影響。

在其他的場域裡，或許會看到某些受達克效應影響較大的人，但大多數的人看起來至少都是正常的，不會很明顯地表現在各方面上，但在網際網路的場域中，達克效應似乎會被放大許多。不需要為發言負責的環境、心理上與現實生活區隔開的虛擬空間，網路這種讓人覺得與真實世界有所不同的性質，會加強人們對自我能力高估的心理，以及無所顧忌、想說什麼就說什麼的自由感受，網友們習慣了在這裡暢所欲言，於是就更不在意資料是有所根據還是無可考證的。

正是因為越來越多人不在乎事實查核的重要性，所以網路的資料逐漸變得參差不齊，所以老師和教授們會希望學生學習、做報告盡量以書籍或特定的論文網站作為資料來源，而維基、百度等則被視為洪水猛獸，當參考資料來源於這種百科全書類型的網站時，一般人會覺得可信度低，不能成為學術研究的依據。

這種落差來源於百科全書網的主要特性——所有人都可以編輯詞條，也就是說，專家可以提供相關專業的權威知識，初學者也能用現存的知識量去進行編寫，這增加了錯誤資訊在網路上傳播開來的可能性。

要避免成為破壞網路風氣、使假資訊大量傳播的幫兇，可以從兩個方面進行調整：加強媒體識讀能力，以及減少達克效應對自己的影響。

對所有資訊抱持懷疑

要加強對資訊真假的分辨能力，就要對接收到的一切訊息都保有「懷疑」，看起來特別真實、敘述似乎相當有理有據的文章，不一定就是正確的，有些文章列舉了無數個參考對象，但一個一個點進去看，會發現這些參考資料也是彼此抄襲、轉載，最源頭的資料只是一篇普通的文章，作者不是博、碩士，也不是專家，文章的內容不過是未經實驗證實的個人推論和猜測而已；看起來非常誇張、令人難以置信的文章，有時候也不一定會是假的，現實往往比小說來得更加荒誕，看起來像是都市傳說的資料也有可能是真實的，點開作者附上的參考資料，有可能就是來自權威的論文網站或是專家、學者曾經進行過的實驗，甚至作者本

人的身份也可能並不一般，是某些德高望重的科學家或各種領域的老牌專家。

英國牛津大學路透新聞研究中心（Reuters Institute for the Study of Journalism）的調查顯示，全球四十多個國家或地區的民眾中，大概有五到六成左右的民眾對現今網路假訊息盛行的狀況感到憂慮；美國史丹佛大學教育研究所於2016年時調查顯示八成以上的初中生會將網路上的原生性廣告（Native advertisement，以不破壞原有版面為原則的廣告，並與投放訊息的平台有高度相容性）當成真實新聞，美國多數高中生也常常輕易地就相信了未經證實、真假有待考證的照片。2021年，史丹佛大學又進行了另外一項全國性調查，發現美國許多高中生無法檢測網路上的假訊息。

假消息判讀能力低下的問題不只出現在歐美地區，臺灣也是。親子天下雜誌在2019年針對中學生進行調查，在順利收回的15000份問卷中，發現約66%接受調查的學生曾經在過去的三個月內接收過內容可疑的訊息，在這之中，只有一半多一點的人覺得假新聞和自己有關係，覺得假新聞與自己無關或者不知道、不在意的人高達47%，懷疑資訊真實性但不曾查證的人則佔了25%。這些內容都顯示了國內、外的青少年和兒童大多缺乏辨識假訊息及查證的能力，這是一件相當可怕的事情。

完全接受假新聞的內容、看到似乎很專業的資料就急著分享，就是一種順從達克效應、對真相和事實毫不在乎的表現。接收新資訊，最好抱持懷疑的態度去面對，懷疑接觸到的消息是否可靠、來源能不能相信，或者懷疑自己對新知識是不是真的了解、是否已經融會貫通，不要用單純靠直覺或者簡單的基礎推理去支持或否定一個消息，也不要隨意分享，將自己的錯誤理解放到網路上誤導其他網友，讓網路上的虛假消息變得越來越猖狂。

用懷疑一切的態度，來反覆練習查找資料，同時學習如何比對不同來源的同類消息，久而久之，媒體識讀的能力就會漸漸地培養出來，對網路訊息分享的責任感也會漸漸強化，雜亂無章的網路環境也會開始出現改變，不再是不可信賴的消息管道。

媒體識讀能力的進步仰賴對外界的懷疑，要減少達克效應的影響則需要做到對自己的自我懷疑。當接觸到一個全新的資訊時，無論如何都先質疑它的真實性，而不是全部相信；當學到新知識時，多懷疑一下自己接觸到的是不是假消息，或者對新知識的學習、理解是否足夠扎實、正確。在迫不及待地將看到的資料一五一十地分享給其他網友前要多做功課，確保對特定知識已經真正地了解了，不會受各方說法所左右，也不會發生誤導他人、讓錯誤資訊大量傳播的狀況。

急著將新知分享給其他不知道的人，就是受達克效應的影

響，許多網路上的知識分享愛好者，會用部落格、臉書或IG貼文去進行簡單的分享，他們科普了各種心理學、科學或醫學小知識，然後在理論後面加上自己的經驗去做進一步的解釋，想將知識傳遞給所有閱聽者，但他們並不具備與分享內容相關的專業背景。

當遇到專家或曾經深入考察的學習愛好者時，這種高估自己對特定見聞理解程度的初級科普者就容易變成一個笑話，這種例子除了在個人專頁或社群媒體可以看見之外，還經常出現在PTT或Dcard等論壇上。

達克效應帶來的網路衝突

在論壇網站上，發文者振振有詞地發表各種言論，政治、法律、宗教、文學、科學與靈性學等，各種領域都有大量分享貼文，文章下方的留言者也許認同、也許反對，正反兩方立場的人互相反駁、辯論，誰都聽不進對方的論點。

這種激烈而充滿攻擊性的氛圍會慢慢變成無意義爭執的開端，最後各種觀點的支持者都被捲入混戰之中，一場本來能夠互相學習的網路辯論賽變成互相謾罵的難看局面，所有人都懷著一腔怨氣，將各種難看的辱罵字眼留在論壇上面——這些人很有可能都受到假資訊和達克效應的雙重影響。

高估了自己對特定知識的理解程度，試圖用各自認知中的理論去說服對方（即使資料來源可能與真實理論有落差，或者時間過長導致記憶不夠準確），並且認為只有自己知道的概念才是正確的，於是在彼此無法互相認同的敵對狀態下，兩方人馬都像是長滿尖刺的刺蝟，用強硬的態度互相攻擊與傷害，為了護衛自己的觀點而爭執，甚至出現了「不死不休」的架勢。

雖然在爭論的人中不乏有真正的專家存在，但他們真實而有用的知識普及與建議往往會淹沒在「達克人」的口水戰之中，被消煙瀰漫的戰場掩蓋下去，到最後幾乎每篇貼文都淪為了毫無意義的爭端，直到所有人都失去興趣為止。很多人在爭論後，會留下另外一方「愚蠢、無知」的評價，殊不知在真正的專家眼中，這些人都是被達克效應控制的魁儡，在爭吵之中醜態畢露。

在下一次進行科普、參與網路罵戰時，可以想一想真正專業的人可能會如何看待網友們，如果不希望變成他們眼中那種無知者，就盡量做到謹慎發言、多方查閱和比對各種資料，讓自己在資訊大爆炸的時代不受影響，成為真正意義上的智者。

How & Do

10

校園達克效應：為什麼成績永遠比想像中的低？

★ ★ ★

校園裡的能力分段

達克效應不會只出現在成年人或已經進入職場的人身上，當還在校園中的學生們被達克效應主導學習狀態時，就必須多加注意，想辦法改正現況。

處於極端值的學生需要擔心的地方與達克效應關係不大，長期排名在最前段的學生不會高估自己的能力，對這些人來說，他們比較成績的對象常常來自於全校排名的前幾名、補習班中更優秀的校外學生或優秀的兄姊，所以班裡的人不會成為他們的比較對象，這群人本來就是班級中最優秀的存在，根本不用擔心他們會高估自己的名次，只需要偶爾注意他們近期的情緒狀態，避免過高的學習壓力出現就可以了；長期排名墊底的學生有其他的問題存在，就算有少部分人對自己的課業表現有點過度樂觀，但造成這個區間的學生成績不好的主要原因，並不是對自我能力的高估。

他們的成績不理想可能有更加瑣碎且複雜的原因，如鯰魚效應的章節中提到的家庭問題、先天條件因素或在特定領域過度極端的天賦差異等方面，這些學生不見得很重視成績，所以一般不會太在意自己的名次，他們大多數不僅不會高估自己的表現，甚至完全不在乎成績和名次到底怎麼樣。

這個範圍的人大多都知道自己的成績不好，但可能不在意或無可奈何，要改善這個群體的學習狀況，會需要更多方面地進行考量，去找出問題的癥結點，如果是環境、經濟問題造成的學習問題，就像是前面提到的那樣，透過社福團體、獎助學金去協助改善或移除障礙，就有機會能看到顯著的進步；如果是有興趣愛好、特殊能力，或者明顯努力了但沒有成果的學生，就不用過度去導正學習的狀態，他們需要的是對個人生涯規劃的引導，幫助他們挖掘具有潛在能力的領域以及找到發揮能力的管道，或者改變唸書的方式，將個人愛好與課堂知識連結起來，使學習需要消耗的精力大量減少，但這部分與達克效應關係不大，無法用改變個人認知的方式去處理。

去除掉頭尾兩個範圍，最容易受達克效應影響學習效率的一

群人，就是包含中上、正中與中下三個程度的中間區塊。

中上程度的學生可能是壓力最大的一群人，他們苦苦追趕著最優秀的前段資優生，在這個過程中，他們很少會高估自己在班級中的排名，往往在看到比預期中再高一些的名次時，會直接略過，比起早就預測過、每次都差不多的排名，這群人可能更重視分數這件事情，因為分數才能幫助他們觀察與學霸、資優生之間的差距，這樣的數據才能幫助他們了解還需要再花多少時間、付出多少努力才有機會擠到前端。

他們最大的問題點是長時間處在與前段學生競爭的壓力當中，適時協助壓力的抒發，是對這個區間的孩子最好的幫助。也許偶爾他們會覺得自己比平時更加努力、有機會踏入理想中的排名區間，這時才有可能出現高估個人排名的狀況。這種時候，幫助這些學生排解失落感是比較重要的一件事情，但學生的失落感沒有那麼容易能看得出來，所以對於班級導師來說，平日裡維持好與家長之間的連繫、密切配合，透過家長們了解學生近期的狀態是很重要的，光是靠著觀察學生狀態去分析，除了大幅度增加老師的工作量、讓老師過度勞累之外，也容易太晚發現學生的問題。畢竟如果是簡單的小狀況，很難光靠觀察去發現，如果問題能被看出來，通常就不是光靠老師一個人就能處理的狀況了。

簡而言之，中上的學生需要注意的地方，就是平日裡讀書壓力的紓解，以及被隱藏起的失落感如何挖掘並處理的問題。成績中偏上的學生要試著學習平衡休閒娛樂與讀書之間的時間分配，比起不停地花時間在唸書上，不如分配一些時間給運動，運動後大腦所產生的腦內啡、血清素、多巴胺等傳導物質，就是提升專注力與學習效能最好的學習幫手。

除了平衡休閒與讀書的時間運用外，還能試著從各式各樣的讀書方式中多加嘗試，從裡面找出一個最適合自己的方法，這個群體的問題已經不是加強基本的理解能力或大量增加唸書時間就能解決的了，他們需要一個事半功倍的讀書方法（如交替式學習法、主動式學習法等），藉著改變讀書方式去增加對知識的吸收能力，才有機會出現飛躍式的進步，追上前段者成為頂尖的優秀學生。

最容易受達克效應影響的學生群體

中間程度與中下程度的學生更容易受達克效應所影響，或者說，這個範圍內的學生們正是受到效應的影響，導致無法進步、長期停留在原地。

這群孩子可能會很羨慕成績好的學生們，但沒有中上程度的同學那種企圖踏入前段的衝勁和動力，比起挑戰成績最出色的衛

冕者們，維持基本的成績和名次才是這些人固定要完成的目標，畢竟與渴望躋身班級排名前幾的學生們相比，他們距離當下的最前段有點距離，要跟上必須耗費更多的精神和時間，還不一定能做到成功逆襲，加上覺得自己已經「足夠努力」了，不需要改變目前的讀書模式，並沒有意識到自己課內的知識學得不夠完整，還需要更多時間去填補，所以他們會將剩下的時間留給休閒娛樂和課外的愛好；因為自認為努力了，目前預習、複習的強度只要維持現況就可以了，所以課程內容不會學得太扎實。

於是，在每一次考試的名次出來前，中段和中間偏下的人自信心會比緊張感更多，直到看到名次時，自信就會被催毀一次，只能用自我安慰去重建被摧毀的信心。永遠都是一知半解、什麼都學得很表面，就容易陷入達克效應的雙重困境中——課業表現不夠好，但不知道自己學得不夠；課內知識的理解與背誦東缺西漏，在寫考卷覺得自己「寫得很順利」，一定會「考得很好」，考不好只會是運氣問題等，這些都是陷入了達克效應陷阱的證明。

達克效應容易帶來惡性循環，成為學習上最大的阻礙。學得不夠踏實，就不知道自己哪裡不懂，以為自己全部都會；以為自己全部都會，就會對學習這件事抱有僥倖心理，想偶爾偷個懶、放鬆一下，導致在學習上花的時間更少；花太少時間在唸書上，所以新的課程內容學得不確實，學科能力沒有培養起來，卻又高估自我能力，再次開始下一輪的循環。

對中段與中下的人來說，名次是個僅供參考的數據，他們大多數會高估自己的表現，成績單發了之後可能會有點失望、沒料到不如預期，但就算如此，他們至少還是停留在中間，所以不會有中上程度面對沒有進步或者退步時的那種焦慮，有些人對於不進反退的狀況還會不以為然，把名次退步這件事情歸咎到運氣問題上。名次不能讓他們有所警惕，所以他們無法從忽上忽下的名次中找到自己最實際的排名和能力，成績與排名進步時，可能會沾沾自喜或毫不在乎，當一次的段考結束後，就當作一個階段的完結，不會再去看那些還沒學踏實的資料和教材；分數、名次退步時，會給自己找出一個完美的理由，去解釋排名為什麼會退後。

要將中間與中後段的學生拉出達克效應的惡性循環，首先要針對這類學生後設認知不足的問題進行處理，如果用論文中提到的「增加對特定領域的專業能力，就能改善後設認知」去看待，這個議題就會陷入死胡同裡，但事實上，除了直接從課業表現處理之外，也有許多方法可以引導學生學會更客觀地去看待自己的所思所學，以此消除達克效應對學習帶來的損害。

1. 鼓勵學生對現在的想法和學習狀況再進行反思，「關於剛剛的課程，我是否知道有哪些方法可以幫助我更快地學起來？」
2. 幫助學生去思考自己不會什麼，「今天的課程結束，我還有哪些是不懂的？」
3. 回顧課程，找出課前課後自己的知識點有哪些改變，「今天上課前我不知道現在卻知道了？上課前我認為……是這樣，結束後我意識到它應該是……」
4. 教導學生如何監控自己的思維，時時檢視自己的想法和行為，「我今天什麼工作做得很好？我今天什麼做得不好？要改變或以後不要做嗎？」
5. 幫助學生找出自己不會的知識點，用問題去反問，讓課堂中所有成員都能隨著問題逐一思考排除，直到找到問題（用最多人犯的錯誤或較難的知識點去問問題）。
6. 用作業、考試或報告等會打分的測驗工具，讓學生從錯誤題裡找出錯誤最多的題型，去排查出自己還沒學會的部分。
7. 回溯學習經過，找出哪一個學習步驟可能沒有確實、專注地做完，「我今天第一步做了什麼？第二步呢？我是如何檢查學習的成果？唸完書後，我做了什麼結束的動作？」

8. 配合表格讓學生們用寫的進行反思，表格可以供學生複習時再次比對，複習不熟的部分，然後再想辦法弄懂課堂間沒有聽懂的部分。老師可以收回查看，了解哪個部分最多人沒聽懂，以便後面的上課時間再次解說、指導。

這些做法能讓學生從被動的資訊接收轉為主動的反思與檢查，在學習過程裡集中注意力，使學習更確實，而不是走馬看花式地閱覽教科書。經過這種挖掘自己內在想法的引導，後設認知會因為對知識的理解和掌握程度而逐漸提升，達克效應的影響也會因為學生對自己的認知變得更為準確，因此而慢慢削減。

How & Do
11

高估自我能力的投資
猶如把錢丟水裡

★★★

新手投資人最怕的達克效應

每個人在成為專業投資人之前，都會經過一段新手時期，在這個時期，有些人會透過閱讀大量投資相關的書籍，增加投資的知識；有些人會經過朋友的推薦與邀約，在對投資市場沒有足夠的了解之前，就直接跟著買股票、房地產等投資項目，不管是因為什麼樣的原因而對投資產生了興趣、不管投入了多少資金，所有投資人一定會有第一次投資的時刻。

有的人第一次投資就出師不利，直接遭遇了失敗；有的人可能比一般人更敏銳或者運氣更好，第一次投資就得到了成功的經驗，收穫一筆額外的收入。第一次就遭遇失敗的人可能會自認倒楣或者認為自己在這個方面沒有天分，因此從市場中抽身，再也不考慮靠投資賺錢，就算有部分人第二次將資金投入，也會更加小心經營，多方調查後才買進某支股票、投入某個房地產項目中。

對這些初學者來說，第一次失敗的經驗是十分寶貴的，因為這次的失敗會讓他們知道投資的困難、發現投資沒有這麼簡單，所以之後的發展可能是再也不碰各種投資，靠著薪水與省吃儉用存一筆錢，從此都不用再跟著市場心驚膽跳，或者是傾向小額投資，加上各種風險評估和相關消息調查，才會將手裡的資金投入，避免一次性大量投資高風險的投資項目。

這兩種方法都有它的優點和缺點，但兩者都有不需要承擔高風險的優點，所以新手期投入的小錢沒有帶來成功，反而不是一件壞事。比較需要注意的是初期就有連續成功經驗的人，這些人因為幾次的成功經驗，容易產生自信，與新手期失敗的投資者相比，他們更有可能進行大膽的投資，看過幾本書的人甚至比完全沒看的人又更危險，因為看過幾本投資教學書籍，自認為有提前做過準備，不算高風險投資，又因為投資成功，彷彿是為這些事前準備掛了保證，證明投資前的相關知識儲備已經足夠。

於是，從入門轉業餘的投資者開始進入了最危險的階段，一種能力尚且不足，但已經培養出自信的危險階段，他們可能會開始往市場裡投入大量金錢，甚至不惜向銀行借貸去投資，導致欠

下一大筆債。

如果說達克效應對學生的危害是能力與生涯規畫上的緩慢危害，那麼達克效應對投資者的危害，就是一種可能造成傾家蕩產的、一瞬間的破壞力量，這種破壞力有可能快得讓人猝不及防，頃刻間就讓一個小康家庭陷入債臺高築的窘迫狀態。

有一部分投資者喜歡高收益類型的投資，但高收益的投資項目往往伴隨著極高風險，除非是老道的投資高手，或者性格小心謹慎、會大量收集資料，對投資項目進行多方分析才出手的人，否則總會遇到陰溝裡翻船的一天。

有些對市場一知半解的投資者會觀看財經節目或雜誌的名人分析，他們會覺得自己已經看懂專家的解說了，並興奮地全盤接受、跟著建議到處投資，直到因為專家建議而跟著投入的項目遭遇了慘賠，才一邊怪罪節目上的投資名家，一邊納悶地想著：「我明明都做了充分準備，怎麼還會失敗呢？」這就是達克效應對投資者的影響方式，看了時勢分析、接受了少量投資訊息的入門新手沒有能力去分辨財經專欄的分析有多少可信度，他們高估了自己在投資上的能力，所以無條件認同了其他人的說法，並且相信了自己對專家言論的判斷，於是就在沒有更多了解的狀況下盲目地投資了高風險的項目，運氣好的話還是有可能賺到一筆不小的利潤，但一般狀況下只會讓投入的資金就這樣打了水漂，

甚至有些用借貸進行槓桿投資、期待用借來的錢大賺一筆的投資者，會因此而欠下一筆原本不該存在的債務，拖垮整個家庭的經濟狀況。

這種投資心理具有很強大的力量，如果一個家庭裡有這種想法的成員，輕一點的會導致有點餘裕的家庭變得緊繃，需要節儉度日以填補虧空；重一點的會導致入不敷出，家裡連日常所需都負擔不起，食衣住行都成了問題，最後造成了妻離子散的悲慘結局。

對於真正做過功課、用心思考的專業投資人來說，高報酬的投資行為不見得伴隨高風險，但這並不代表什麼事前準備都沒做、隨波逐流的賭博式投資新手也是如此，對市場的熟悉程度、掌握能力和是否做好準備工作決定了兩者之間天差地別的結果。

避開達克效應帶來的風險

要避免這種受達克效應驅使而貿然出手的危險投資行為，最重要的就是時刻提醒自己「我懂的並沒有那麼多」、不要過度相

信身為新手的自己。盲目自信在投資上的傷害遠比在生活、學習等方面更大、更緊急，在生活與學習中高估自我能力，可能要經過很長的時間才會出現狀況，但在意識到問題時一般都可以立刻改正，調整心態去重新擬定策略、改變現況。

如果是在投資上，有時候一個錯誤就會造成嚴重的結果，如果沒有事先調整好心態，一不小心就會造成無法挽回的悲劇，所以與其他方面相比，投資更需要注意達克效應產生的影響。在正式加入投資市場前就必須將「小心謹慎」、「反覆審視自我」這兩件事情放在心裡，時刻提醒自己「懷疑他人的判斷」與「懷疑自己的判斷」有多麼重要。

畢竟每個人都有可能高估自我，除了意識到自己有判斷失誤的可能性外，也要意識到他人同樣也有誤判的可能，所以在得知一個投資建議時，不要急著相信，要將專家建議投資的理由逐條列出，並以客觀的事實去進行比對，例如：財經學者認為某項投資具有潛力、某家公司正在發展中，此時最好的做法就是找出該投資項目具有的潛力點在哪、決策上可能的風險有哪些，還要列出該公司近年來的經營狀況，去判斷消息是否可信。如果專家沒有提供具體的數據去支持言論，那就要直接將他的發言列入不可信的範圍內，因為投資不是靠感覺去進行的經濟活動。

如果沒有實際數據可以作為證明的建議，最好再三考量、觀察；如果沒有管道去辨別真偽，最好將小道消息當作謠言，直接作廢。只憑著本能和直覺跟從各種經不起推敲的建議去挑選、建立投資組合，就是賭徒的行為，這樣的買賣算不上投資，而是一種合法但危險的賭博。

入門者應該要比老手們更多疑，因為剛接觸一個領域的初學者沒有老手們那樣熟悉市場、沒有那麼多的知識儲備量可以快速分析消息真假，所以對一切都抱持懷疑態度是好事，這是避免不安全投資的第一步驟。

除了在投資前先擺正心態、銘記他人與自己都有可能失手之外，在遇到投資策略失誤時也要回頭思考，找出導致錯誤發生的原因。能夠虛心接受不足，而不是把失敗都推給運氣、找各種理由否認自己能力不夠的事實，才是避免一次又一次賠錢最好的方法。

對每一次不管成功還是失敗的投資經驗進行「復盤」，就能知道之所以會賺錢或賠錢的原因，對成功的投資進行分析，是為了知道成功的項目要包含什麼要素和步驟，將這些重點列出後進行標準化作業，然後記下來，在之後的投資計畫中複製，為之後的每一次投資增加成功率；對賠了錢的投資進行反省，則是為了知道問題點在哪裡，將錯誤或漏掉的部分列出來，在下一次投資前修正過來，就能降低誤入歧途的機率。

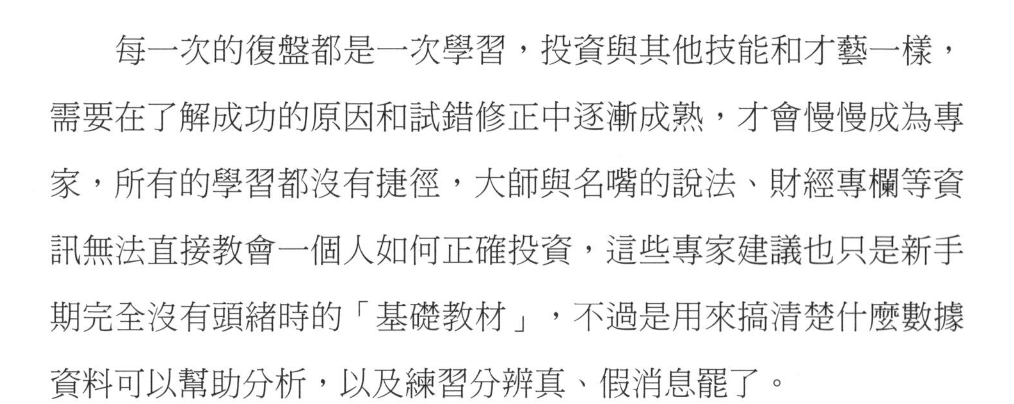

每一次的復盤都是一次學習，投資與其他技能和才藝一樣，需要在了解成功的原因和試錯修正中逐漸成熟，才會慢慢成為專家，所有的學習都沒有捷徑，大師與名嘴的說法、財經專欄等資訊無法直接教會一個人如何正確投資，這些專家建議也只是新手期完全沒有頭緒時的「基礎教材」，不過是用來搞清楚什麼數據資料可以幫助分析，以及練習分辨真、假消息罷了。

總之，要避開因為達克效應而產生的投資風險，就是要先知道高估自己的能力是一個多大的問題，然後抱著對失誤的恐懼謹慎思考、嚴肅看待每一次交易可能帶來的結果。新手投資盡量以小金額的投入為主，才能在日常生計不受影響的前提下穩定並安全地經營本職工作以外的小事業，真正做到所謂的「開源」，讓生活能過得更優渥，意外發生時也能更加從容地去應對。

Plus

12

達克效應V.S.冒牌者現象

冒牌者現象又被稱為冒名頂替症候群（Impostor Syndrome），這是1978年由臨床心理學家克蘭斯（Pauline R. Clance）與因墨斯（Suzanne A. Imes）所提出，是一個與達克效應完全相反的概念。冒名頂替症候群的人無法接受自己的成功，他們不相信自己的成就來自於自己的能力，總是擔心有朝一日會被其他人發現自己的能力與現在的名聲、地位並不匹配，害怕會被其他人發現其實自己不過是個「騙子」這件事。

這樣的現象經常出現在成功人士的身上，有很多被社會大眾視為成功者的名人都曾經有過這樣的狀況，無法坦然地面對來自各方的掌聲與鮮花，他們不僅像達克效應實驗中最優秀的那群人一樣低估自我能力，甚至還有著嚴重的自我懷疑，即使有很多證據可以證明他們的成功是名符其實的，也無法讓他們客觀地給自己一個公平的評價。

這些為冒牌者症候群所困的成功者不斷地感到焦慮、恐懼，害怕「真實狀況」被揭露的那一天到來，讚譽會被責罵所取代。

這個現象目前並不被認為是一種心理疾病，對於這種狀況的成因也沒有一個統一的說法，最多人認同的說法是這種現象與性格有很大的關係。心理學家 Valerie Young 將冒牌者現象依照不同的心理狀態分成五個種類，分別是：完美主義者、工作狂、個人主義者、天資聰穎者和專家這五種類型，而造成這些類型出現的主要心理因素具體如下：

1 完美主義者

這類型的冒牌者常常會為自己訂立極難完成的超高標準，並認為其他人會用等同或高於這樣的高標準來審視、要求自己，完美主義者會背負著對完美的追求與對失敗的恐懼，這份恐懼會使人習慣用顯微鏡來檢視自己、苛刻地要求自己所有事情都要做到零失誤，無法接受任何一點出錯的可能性。

為了取得心目中的極致完美，他們常常會有反覆檢視現有的工作進度、極度挑剔的狀況。雖然這類型的冒牌者幾乎可以將分配到的任務和工作都做到最好，但不可能有人能完美地完成所有事情，所以那些偶然的失誤會給完美主義者帶來嚴重的挫敗感，使他們出現貶低自我、反覆自我責備的現象。

2 工作狂

工作狂類型的冒牌者，與完美主義者相似，差別在於工作狂冒牌者的核心觀點是自己的實力與成就、地位並不匹配，而不是對完美有所追求，完美主義者是因為少數的幾次失誤而自我貶低，工作狂則是因為自我貶低而不停努力，想要努力達到能力與現在的成就相匹配的狀態。

對工作狂冒牌者來說，雖然他們已經累積了大量的功績，也對社會有一定的貢獻，但他們始終都無法認同自己，為了讓自己擁有與成就相符的實力，他們會拼命地工作與學習，即使能力已經足夠出眾，也累積了許多耀眼的、一般人難以取得的成就，但他們依然需要靠著埋頭努力這件事來掩飾、紓解心中的不安，久而久之便成為了他人眼中的工作狂。

3 個人主義者

個人主義者習慣獨力完成所有工作，這種作業模式會讓他們看起來不容易信任別人、只相信自己，認為凡事要親力親為才能確保萬無一失，但個人主義類型的冒牌者不見得是抱著這種心態在獨力工作的，他們不一定是因為無法相信別人而拒絕外界的協助，而是因為請他人協助在他們心裡是無能者才會有的表現，個人主義者害怕求助這件事會暴露出自己的短板，因此而被人發現

自己有不擅長的事物。

除了不願向他人求助外，他們也不太願意協助他人解決難題，因為這種行為在個人主義冒牌者心中是有風險的，如果無法順利解決求助者的問題，似乎就會讓弱點被看見，所以這種隔絕外界、獨自工作的行為背後，就是為了將短處藏起來，避免被人發現自己其實並沒有那麼厲害。

4 天資聰穎者

有些人明明具備令人羨慕的天賦，卻依然受到冒牌者症候群的困擾，由於不用花太多心力就能做好某件事，天資聰穎類型的冒牌者長時間都處於不需要努力、不用花太多力氣的狀態，相較於其他需要加倍努力的人來說，他們會認為自己沒有努力過，得到這樣的成功太過僥倖、只是運氣好而已，這些肯定與認同不該屬於自己，而是屬於那些耗費大量時間成就自我的人們。

天資聰穎者擁有某種特定的天賦，但當他們遇到自己不擅長的領域時，就會需要花更多的時間去完成不擅長的事情，這時，對一件事情感到吃力的狀況會無意間加深他們的信念，讓他們感覺到自己是無能的，因而令這類型的冒牌者更難接受自己的成就。

簡而言之，天資聰穎者會長期陷入認為自己「不夠努力」與

「能力不夠」的兩大誤解中，所以罪惡感與羞愧感是他們日常生活中的主要基調，控制著他們的行為表現。

5 專業人士（專家）

專業人士類型的冒牌者與天資聰穎類型相似，都在某個領域中表現出眾、是該領域中的佼佼者，但專業人士的能力並不一定是源自於天賦，這種能力的來源是經過不斷地努力與鑽研，因此在特定領域中累積了超出常人的知識儲備量。

專家型的冒牌者很可能會出現在競爭激烈的職場上，他們認為自己在職場上的專業能力並不足夠，工作經驗和表現不夠突出，無法與他人競爭，為了避免因為專業度缺乏而表現出無知與無能的一面，所以他們會不斷地參加培訓課程增加個人的專業度，並考取各式各樣的證照來讓自己看起來盡可能的專業，用內在的填充與外在的「裝飾」來掩蓋心裡的不安，想用這樣的方法去改變自己競爭力不足的「事實」。

專家型冒牌者在努力的過程中一般都能有效地提升個人能力，但能力的提升一樣無法消除他們內在的不安全感，所以即使他們已經足夠優秀了，卻依然處在害怕被淘汰的恐懼中，無法肯定自己。

各種類型的冒牌者會因為不同的成因和心理要素而展現出細節上的差異，雖然這些表現方式會有一點點不一樣，但以整體來看，冒牌者們還是有幾個共通的行為模式和症狀：

1. 自我評價低落，習慣性地低估自己的能力，對於所得到的成就與工作表現有所懷疑，認為這些不該屬於自己。
2. 時常質疑自己，認為自己能獲得成就只是運氣好而已，不會將成功與自己的實力連結在一起。
3. 無法實際衡量自身的能力與價值，嚴重地自我貶低。
4. 對完美有著過度甚至病態的追求，時常為自己訂立難以達成的超高標準，為了不合理的目標苛刻地要求自己。
5. 習慣超時工作，有嚴重的過勞問題，害怕休息就會被他人超越。
6. 與人之間保持疏離，避免被他人發現能力不足，極度排斥被人看到弱點。
7. 對失敗有著深切的恐懼，因為無法接受一切失敗的可能，所以會拒絕新的機會與挑戰。
8. 被誇獎或獲得他人的肯定，會感到尷尬、羞愧與不舒服，冒牌者面對他人的肯定，會表現出強烈的否認和澄清意圖，但在其他人眼中，這種解釋的行為會被解讀為謙虛，因此而讓當事人產生更多的焦慮。

冒牌者現象與達克效應都是一個人在自我評估時出現的問題，被影響的人沒辦法認清事實，讓主觀且不正確的認知成為生活決策上的主宰。要改變這種高估或低估自己的心理狀態，最根本的處理方式就是學會以客觀數據去檢查自己的認知、分辨出哪些想法脫離了正常範圍，處於不健康的極端值之中。只有擺脫了不健康的自我滿足或自我要求，才能讓生活一直處於穩定的狀態，不用耗費大量時間去處理超出控制能力的突發事件，或者一直進行沒有意義的自我消耗。

當生活能夠維持穩定時，就能夠更有活力地去面對每一天的挑戰，並且在這個過程中實現自我價值，當有一天達到了目標、取得個人的成就時，就能坦然地面對屬於自己的榮耀，接受自己應得的掌聲。

Plus 13

達克效應與中國文學故事

★★★

中國有一些常聽到的諺語或成語典故與達克效應相似，以不同的樣貌被大家所熟知。

半瓶水響叮噹

有句諺語是這麼說的：「滿瓶水不會響，半瓶水響叮噹。」這句話是《鏡花緣》第二十三回中「整瓶不搖半瓶搖」的延伸，在這一回的內容裡，講述了一個人人都帶著儒士氣息的國家——淑士國，這個國家從上到下、不分貴賤都是一身的書生打扮、滿口的之乎者也，甚至當主角一行人到酒樓想喝點酒解渴時，酒保也是不停地咬文嚼字，話都說不到重點上，把口渴得不行的主角們急得半死。

主角之一的林之洋對於這個狀況表示了不滿，對接待的酒保這麼說道：「剛纔俺同那些童生講話，倒不見他有甚通文，誰知酒保倒通起文來，真是整瓶不搖半瓶搖。」他對在學堂中學習的學子沒有在日常生活中咬文嚼字，但酒保卻一身儒士打扮、滿口做作文句的現象表示了嘲諷，嘲笑沒有學識、只學了幾句話的酒保卻比在學堂裡努力學習的學生們更愛現、更喜歡表現出自己的儒雅氣質。這句話發展至今，就變成專門用來嘲笑他人沒有多少斤兩，卻喜歡到處賣弄的諷刺用語了。一個杯子只要被水填滿、蓋上杯蓋，不管再怎麼搖都搖不出聲響，因為水把杯子裡的空間填滿、讓杯子就像是一個實心的物體一樣，於是就沒有可以晃動的空間了。

真正有才學、有能力的人就像是裝滿水的杯子一樣，他們即使有著極高的知識含量或非常專業的能力，也不會不停地向他人展示自己的博學、表現自己的能力。喜歡到處賣弄的反而是那些無知或專業能力不過關的初學者，他們就像是只裝了半瓶的水瓶一樣，在搖晃的時候會發出很大的聲響，就像是要吸引其他人的注意力一樣。

夏蟲不可語冰

除了半瓶水的故事之外，還有很多中國的典故和成語都與之

呼應，提醒世人引為警惕，不要過於自大或高估自己，造成可笑的狀況發生。

在《莊子》的《秋水》一篇中，黃河的河神在秋天漲潮的時候感到非常滿足，他認為黃河就是最豐沛的流川，世界上沒有比黃河的景緻更美好的地方。直到他順著河流一路向東走去並看到大海時，才意識到自己的目光短淺。

黃河的河伯向海神表示了感嘆，他慶幸自己來到了大海邊，及時發現了自己的目光短淺，否則他一輩子都將自滿於黃河的優美景色，被其他有見識的人譏笑。海神對於河伯的話，回了這句話：「井蛙不可以語於海者，拘於虛也；夏蟲不可以語於冰者，篤於時也；曲士不可以語於道者，束於教也。」

這段話的意思是這樣的：不能跟井底的青蛙討論大海，因為牠沒有離開過井底，只會認為大海是假的；不能跟生存在夏天的蟲子討論冰，因為牠的生命短暫，見識受到生命的長度所限制；不可以跟見識短淺的人談論道理，因為他的眼界被曾經學過的、看過的事物所束縛，因此而不夠開闊。

在有著真才實料的智者眼中，知識不足、能力不夠的人就像是夏天的蟲子一樣，他們對於一個領域沒有足夠深入的了解，因此在和他們談論的時候，沒辦法讓這些初學者了解專家所掌握的知識、感受自己的不足，所以與其和他們爭辯，還不如保持沉默，讓他們自己去了解、學習，才能讓這些能力不夠的人真正地了解自己的錯誤。

如果不想讓自己在智者眼中呈現這種愚蠢的樣貌，就要時刻保持謙虛，提醒自己人外有人、天外有天，盡己所能地去學習新的知識、刻苦磨練各領域所需的專業能力，等到有一天能力真的被培養起來、回頭去看以前的自己時，就會發現過去的自己有多麼的弱小，想要到處展現自己能力的樣子又是多麼的可笑。

時刻檢視自己的不足之處，加上每天反省，對心理的狀態達到高度的覺察和自我控管，避免陷入高估自我能力與過度自信的狀態中，這就是這些諺語和典故想要講述的道理，透過這些故事，加上達克效應的研究帶來的警告作用，就能慢慢養成謙虛與自我認知監測的能力，成功破解達克效應所帶來的各種影響。

Plus

14

驴不知自己是頭驴，鸡不知自己是隻鸡：羅剎海市中的達克效應

★★★

2023年，一首名為《羅剎海市》的歌曲橫空出世，成為了嘲諷世局最好的素材，這首歌的靈感來自於《聊齋志異》中所收錄的同名小說，內容講述了一個名為馬驥的青年因經商的船隻失事，漂流到了一個審美觀與中國背道而馳，「以美為醜」的奇怪國度，於是一連串的奇異經驗由此展開。

蒲松齡創作的《聊齋誌異》中所收錄的〈羅剎海市〉講述商人之子馬驥在兩個不同的地區——羅剎國與龍宮所發生的故事。羅剎國是一個「以美為尊」的國家，他們任用官員、選擇「人才」的標準就是長相，不論多有文采、在國家治理上多有心得，只要長得不夠「好看」，就無法坐上高位，用能力去實現個人價值。但那個國家卻是美醜顛倒，越是猙獰怪異，越以之為美，越顯榮華富貴。其他地方所認為的相貌周正、俊秀之人，在羅剎

國的標準中卻接近醜陋、可怕，在中國被認為風度翩翩、儀態優雅的主角馬驥，在羅剎國卻被視為怪物一般的存在，大家都不敢隨意接近他，直到他以白錦纏頭、黑煤覆面，才獲得了正面的評價，作為上賓被請入宮中。他在宮中常常表演些頹廢、差勁的歌舞，卻因此而受到賞識。

其實羅剎國這種美醜顛倒、好壞倒置的現象在中國也時有所聞，但並非是指人的外貌，而是表現在文章著述、人才選拔之上。科舉時代，寫各種逢迎拍馬的文章會被視為傑出之作，不學無術的高門子弟隨手寫下的淺白文字、無病呻吟之作，也會被有求於人的追隨者誇上天。科舉中貪污舞弊，對應著故事裡不以能力選人的不公平標準，只要有錢、有權、有外貌、有關係，就算沒有能力，也可以得到重用；科舉中考官不辨優劣、是非不明的問題，對應著羅剎國美醜相反、以醜為美的狀況，這些考官實際上並不知道什麼樣的文章是好的，他們無法從試卷的答案中找到更適合的人才，選出能為國家帶來改變、讓國家更為富強的優秀人物。

《羅剎海市》這首歌中的幾句歌詞，與達克效應所闡述的現

象也有著異曲同工之妙：

那馬戶不知道他是一頭驴，那又鳥不知道他是一隻鸡。

在簡體字中，馬戶兩字加起來即為「驴」，而又鳥二字合起來則為「鸡」，在中國的傳統文學中，驢常常帶有蠢的象徵，而雞則是妓女的別稱。將傳統文學上的意義帶入歌詞中，就有「蠢人不知道自己蠢」的意義，就像達克效應的核心概念：無知者不知道自己的無知，無能者不知道自己的無能。

科舉時期的考官，迂腐呆板，不知文章優劣，他們沒有覺察好壞的能力，只是一味地用死板的標準去選擇跟他們一樣缺乏能力的無能者，他們就是羅剎國中的人們，一代又一代地挑選出與自己一樣不自知，也不知他人優劣的無知之人，直到所有職位都被這些受達克效應所影響、意識不到自己無能的人塞滿為止。

就算到了現代，《聊齋志異》中〈羅剎海市〉這篇小說的諷刺效果依然不減當年，同名歌曲《羅剎海市》正好證明了無知者不知自己的無知是千百年始終不變的現象。不管在哪個領域裡，都存在這樣的問題，考大學時，有些無能者考不上好學校，就花錢出國念書，為自己鍍上一層留學者的黃金身分，擠掉其他有能者的位置；在文藝界中，有錢、有權的人更容易受到追捧，就算是涉及粗俗用詞的詩作，也能因為家庭背景的關係而獲得優秀詩人的提名。名與利讓其他人無條件地忽略事實，對無能者進行吹捧，於是這些本就無知的人，在這些人的稱讚聲中逐漸迷失自我，更加相信自己天賦異稟，能力遠超旁人。

掌握權力的人受到達克效應影響，對社會來說是具極大殺傷力的，他們無能、無知，但其他人為了受其手中的權力庇護，所以成為一個無底線的支持者，他們選擇拋棄良知與判斷能力，不斷稱讚由上位者所提出的所有觀點、創作等，他們的讚美會使本就沒意識到自己無能的權力掌握者更加迷失自我，得意地向外宣傳自己的觀點與論調，而更多有求於他的人則會繼續吹捧甚至模仿，當模仿的人慢慢增加，一種新的流行於焉產生，就算是低俗、差勁的事物，也會因為這些奉承者而變得「高貴」了起來。

不辨是非、不分美醜的人是從古至今不變的毒瘤，而對這些無知、無能，無法正確判斷事物好壞的人進行吹捧的人，更是會危害人類社會發展的可怕存在。而縱使經過千百年、世事多變，「達克人」卻永遠不會消失，助長他們的無知、無能的人也一直長伴他們左右。最好的證明，就是這首以短篇小說〈羅剎海市〉為曲名、針砭時事的流行歌的出現。

這首歌承襲了聊齋原作的諷刺精神，讓知道這篇故事的人一看就知道這首歌的創作目的。比原作更具批評意圖的歌詞文字，將達克效應蠢而不自知的概念更加詼諧地諷刺了一番。

歌詞中提到了一位奧地利哲學家——維特根斯坦，這位哲學家幼時曾經說過這樣的一句話：「說假話對自己有利的時候，為什麼還要說真話？」但他長大後經過了思考，最終得出了一個結論：「真」最高貴，人要為真實的自己負責。維特根斯坦是一個純粹的人，他有著純粹的嚴肅和純粹的忠實。他在去世之前說：「告訴他們，我度過了極好的一生。」富二代的他，童年時內心敏感，哥哥的自殺給他蒙上了陰影；因為酷愛哲學放棄航空業；他放棄遺產去鄉村教學，他刻意體驗貧困的生活以求得內心的富足，他的一生告訴我們；人只有忠於自己，才能度過極度美好的一生。

《羅剎海市》的歌詞中提到維特根斯坦時，肯定有很多人都覺得相當的突兀，不了解這首歌的作者刀郎究竟想表達什麼，但將這首歌的原作與維特根斯坦對「真實」的探討放在一起看，就能了解這首歌所要表達的真正意義。

這首歌想傳達出「真實是至高無上的」的概念，人們是要逢迎世俗、一言一行都受到高位者所擺布，還是應該無視所有的外在因素，完全忠於自己的想法與觀點？要睜眼說瞎話、支持掌控權力的「達克人」扭曲真相，還是勇於扛下高位者的打壓，將真理與正道傳達給所有人？

這是每個人都需要面對的問題，而許多人的選擇也很明顯，他們選擇拋棄了真相，跟在無知的人們身後起舞，順從了他們的

無能與無知，讓這個世界逐漸失序，成為錯誤知識與荒謬言論傳播的幫兇。無知者們傳播了虛假的錯誤謬論，而順從者則拋棄了自我良知與個人判斷，選擇跟著無知的大眾們混淆真理，捨棄了自己的判斷和觀點。

不要成為無知者，也不要成為無知者扭曲真理的幫兇。

無知與虛偽會掩蓋世界的真相，只有跟隨自己的本心與良知，才能尋找到人生真正的意義。

PART

3

木桶原理

木桶原理又叫短板理論。

其核心內容是指一個木桶可以盛裝多少水，

取決於木桶內最短的那塊木板。

最弱的人決定了整體戰鬥力？

CANNIKIN

LAW

木桶原理背後的故事

★★★

從農業學發展出的管理學理論

木桶原理又稱為短板定理，是一個藉由對破木桶的觀察與延伸思考而得出的理論。關於這個原理的起源眾說紛紜，有人說這個理論是由管理學家勞倫斯・約翰斯頓・彼得於著作《彼得原理》中所提出，有些人則說是由心理學家威廉・詹姆斯的名言——「鐵鍊的強度取決於最薄弱的一環」衍生而來的。

各種無法考證的說法在坊間流傳著，唯一一個相對可靠的來源是來自農業科學領域的李比希定律，但無論如何，這個概念如今已經被大量運用在管理學與心理學領域，成為了被許多人研究與討論的著名議題。

在李比希定律原本的理論中，這個概念是這樣子被描述的：一個物種的可培育產量，取決於該物種成長所需物質中最為稀缺的那一種，一種植物所需的營養素並非用總合去計算，碳、氫、氧……等物質都必須達到所需的比例，當其中一種元素少於其他的元素，植物的群體能擴大多少就取決於最少的元素能供給給多少個體，最豐富的資源無法補全稀缺物質的缺乏。

將上述意義延伸應用之後，就變成了今日被廣泛討論的木桶原理：一個破木桶可以盛裝的水量並非由最長的木條所決定的，真正影響木桶容量的，其實是所有木板中最短的那一塊。使用由長短不一的木板組成的桶子裝水，當倒入的液體慢慢增加，水位會逐漸上升，直到超過短木板的最高點為止。當水超過了短木板的最高處，桶子裡的水就會開始從短木板上方溢出，不管之後加入了多少水，都不會留在木桶裡面，因此，不管整個桶子裡最長的木板有多長、在哪個位置，都不會成為改變木桶容量的決定性因素。

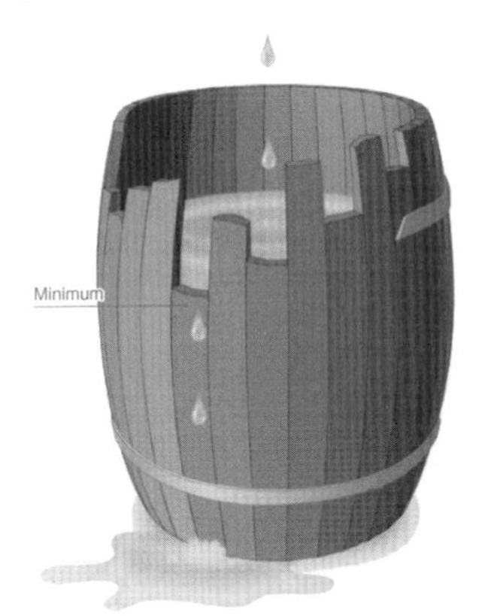

▲圖取自網路

在管理學上，短木板可能是指能力相對不足的成員、較為弱勢的部門，或企業在發展中難以解決並一直存在的問題；長木板可能代表特別優秀的員工、結構特別穩固且合作良好的部門，或者企業發展得最為良好的優勢項目等。

木桶原理在群體中的概念

將企業與團體用木桶來比喻的話，水就是一個群體所擁有的全部資源，如果「控制木桶的人（企業管理者）」想要將「桶子外的水（資源）」注入木桶，讓「留在木桶中的水（業績、效率）」達到最大的量，就要先將「最短的木板（劣勢、弱點或問題）」修補完成，讓最短的那塊木板與其他長木板齊平，才能避免「水」在無意間流出「木桶」。

流出木桶的水可能是浪費掉的資源，也可以理解為短板所帶來的各種問題。所以企業的高層人員如果想要將規模擴大、增加事業版圖，就應該要將重點放在改善弱點上面，而不是一直發展公司的優勢，將全部的資源和注意力放在最強的部門上，放任劣勢持續惡化，直到釀成大問題才想著要如何處理。

所有由人所組成的單位都要講究合作互助，只將整體之中的一小部分發展到極致，就會讓最優和最劣的部門之間產生過大差距，那麼在合作時就會因為能力或掌握資源的差異而導致雙方難以配合。要共同完成任務時，優勢部門就必須放慢速度或降低標準，避免劣勢部門因為無法跟上進度而出現失誤，造成兩方工作無法順利銜接的問題。

另外，產品的研發也必須注意是否出現了「短板」的問題。

舉例來說，如果一家電腦公司的產品有著很強的軟體設計技術，但卻沒有足以匹配的硬體去支撐軟體的運行，那麼，此時的軟體在運行過程中就容易出現運行速度緩慢、容易出錯等問題，好用的軟體無法拯救過時的硬體設備，電腦公司研發的電腦不會因為好用的軟體而大賣，反而會因為差勁的硬體設備而被買家拋棄，導致優秀的軟體跟著硬體設備一起被埋沒掉。

優勢發展到極致，並不代表劣勢會因此而消失、問題就會自己解決，如果管理者沒有辦法妥善地處理好優勢和劣勢間存在的差距，劣勢就會一直作為負累而存在著，拖累其他優秀或具有發展潛力的部分，直到被拖後腿的優勢無法負荷、因為失去發展空間而被消磨殆盡時，整體就會一起走向衰敗，再多資源都無法將到處都是的漏洞填補起來。這就跟木桶一樣，只有當所有木板都一樣長，水桶裡能裝入的水才會達到最大化。

在處理短木板時，不能直接捨棄、將破損的部分拆除，因為拆掉短木板會使木桶短期內無法裝水，比原本只能裝盛少量水的情況還要更糟，要讓木桶能夠一直裝入最多的水量，除了要將破掉的短木板補起來之外，也要時時觀察木桶的狀況，一旦發現木板出現了破損，使得「短板」再次出現，就要用最快的速度解決問題、及時改善，才能最大限度地避免資源浪費。

木桶原理的擴充概念

除了簡單的基本概念外，木桶原理在各種討論、研究的過程中逐漸被擴充，新木桶原理、斜木桶理論等說法逐漸出現，讓各種基於破木桶而產生的現象被提出並套用在管理學上，成為了一個以木桶為中心的龐大理論，在這些延伸意義之中，以下是比較常見的：

1 木桶桶底結實程度會影響木桶的盛水量

要決定裝水量，水桶桶底（基礎建設）的結實程度也有一定的影響，如果一個水桶底出現破損，就會導致木桶在移動的過程中不斷漏水，到達目的地時，桶子裡可能只會剩下不到一半的水量；如果一個木桶的底板沒有辦法穩固的貼合、卡緊，那麼當木桶裝滿了水，水量過重也會讓這個木板不堪重負，在木桶被提起的那一瞬間脫落，桶內的水也會因此而全部流出。

這個延伸意義說明的道理是：一個組織如果想要健全而完善地發展，就必須將基礎工作建設完備，才能避免資源在不知不覺中浪費掉，或者讓不夠確實的基礎建設變成具危險性的隱患，這些問題很有可能會帶來沉痛的打擊，若不好好重視，而是把缺口置之不理，當問題爆發時，這些隱患就會成為具毀滅性的災難。

所謂的基礎建設，可能是安全設施或安全演習訓練，也有可能是制度或規定等管理上的約束，這些東西看似簡單，好像沒有特別留意的必要性，但這些基本的事項如果沒有好好處理，出事時帶來的麻煩也會更加嚴重。

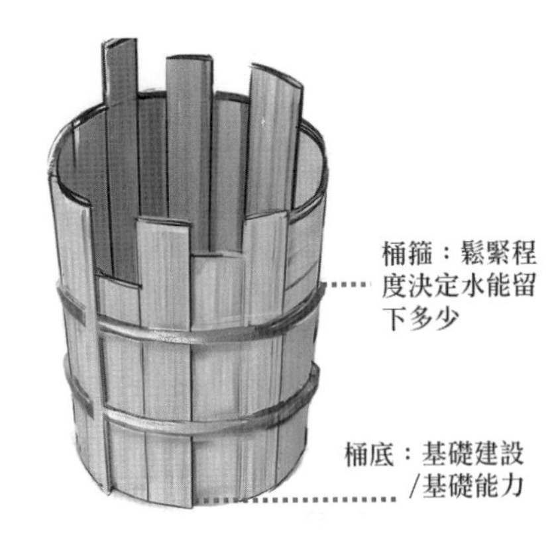

2 木桶箍圈鬆緊程度決定水能留下多少

木桶上的箍圈是影響木桶結構穩固與否的重要工具，箍圈太鬆，每片木板間的交界處就會產生縫隙，會使得水在倒入木桶後一點一點地從縫隙中流出，讓裝入的水全部流掉。

鐵箍在這種理論中代表的意義是「規範、制度和領導者的風格」，作用是管理職場中所有的「木板」，足夠嚴格的章程、明確的領導風格能有效地讓每個人、每個部門都分配到適合的工作、做他們擅長的事情。

越是具體的要求和鮮明的領導風格就越能夠讓人輕鬆地了解自己的職責，以及團體發展的方向，對基層人員和中階管理者來說，有明確的方向可以去努力、按照規定盡心盡力地工作、克盡職守，就不會像無頭蒼蠅一般，對於應該做什麼、應該做到什麼程度一無所知，因此而出現盲然、不知所措，工作永遠都看不到盡頭的感覺，只有在這些不安感消除後，整體成員的工作效率才會有所提升。

當所有人都投注了大量的精神、以最高的效率去完成工作，企業、組織自然能夠達到理想中的發展進度，只要進入了持續且穩定的發展之中，就可以賺進更多資金與利潤，並將其繼續投入公司的發展與經營中。當公司的營業額有所成長，員工就有可能會得到額外的績效獎金或特殊獎勵，甚至得到加薪或升職的機會。當企業從高層到基層都能獲得更多的利益，就會產生非常強大的群體凝聚力，讓人因此對公司抱持著認同感，願意為了這個「大家庭」而加倍努力，企業在這樣的正向循環中會變得越來越好，規模也會變得越來越大。

除了這兩個將重點放在木桶底板而衍生出來的論點之外，木桶原理其實還有非常多種說法可以深入研究，從中探討各種組織管理上的要點和訣竅，畢竟「木桶」是一種會隨著新舊、使用方式而改變形狀樣態的物品，它不會永遠都保持同一個樣子，當新的外觀出現在喜歡思考的人眼前時，就有可能被套用在各種社會現象中，用來解釋人類社會因為形形色色的人與各式各樣的處事之道而產生的多元模式。

忽視劣勢與弱點的代價

★★★

問題再小都是問題

木桶原理是一個將關注點放在弱點與劣勢上的理論，這種理論著重在探討弱點帶來的危害性，以及在面對優、劣明確的能力分布時，要怎麼分配有限的資源，才能夠最大程度地避開風險，避免現有的優勢被拖累與破壞。

對弱點視而不見、放任劣勢長期存在，是一件相當危險的事情，在特洛伊戰爭的神話裡有一則英雄故事，就足以表達木桶原理的核心概念。

被小弱點殺死的戰爭英雄

在希臘神話中，特洛伊戰爭是大家耳熟能詳的故事，在這個篇幅巨大的史詩故事中，有一個英雄的故事，恰好就是忽視弱點而帶來毀滅的經典例子，這位英雄的名字就叫做阿基里斯。

在希臘神話中，阿基里斯的母親在他出生不久後就將他放入冥河水中浸泡，想要讓兒子擁有刀槍不入的身體，但在將阿基里斯放進水中時，他的母親是抓著他的腳踝泡進水裡的，因而導致這個刀槍不入的英雄有了唯一一個致命的弱點，也就是在被命名為阿基里斯腱的後腳踝位置。

神話故事中沒有提到為何這位母親在這麼護子心切的急迫心情下還會如此粗心大意，總之，阿基里斯就這樣留下了可能致命的隱患，直到在特洛伊戰爭中喪命為止。阿基里斯的秘密一直沒有被其他人發現，直到後來，敵軍在與他有殺子之仇的太陽神阿波羅指點下，發現了可以打敗這位英雄的突破口，於是他就這樣子離開了特洛伊戰爭的舞臺。雖然阿基里斯是一位在戰爭中受人景仰、有著高大勇猛形象的大英雄，但他最終還是死在了這個不起眼的弱點上，他的故事說明了忽視弱點是多麼可怕的一件事。

★ 莫非定律是木桶原理的終點

同樣是討論潛在隱患的影響力，莫非定律的概念是這個樣子的：可能發生的事情，在經過足夠長的時間之後就一定會發生。當一個個體、組織或者一家公司有了可能導致危機出現的問題存在時，只要不把這個危險處理掉、將剛冒頭的危機扼殺於搖籃之中，到了未來，這個問題就會浮上檯面，以危害性更高、更加難以處理的狀態出現。

莫非定律可以說是木桶原理中的其中一種展現方式，它是木桶原理發展到極致時會出現的最終樣態，弱點被忽視，除了可能會拉低優點帶來的整體競爭優勢之外，也有可能慢慢變成重大的漏洞，導致讓整體覆滅的事故發生，通常各種小問題的累積，到了後期都會以各種難以想像的方式呈現在大眾眼前，這時小問題就已經無法簡單解決了，被忽視的問題就這樣變成了具有顯著性的「危害」，這個危害會在超過木桶效應的劣勢所設下的上限值後發生，甚至都有可能找不到能夠解決事件的辦法。

破損的短板不經過妥善地修補，總有一天會被蛀蟲啃蝕殆盡，讓桶子無法再裝入任何一滴水；一家優秀的大公司如果存在著明顯的問題，就必須好好處理，只要問題或短板不徹底解決，這個弱點就會悄悄地拖優勢點的後腿，將原先的競爭力一點一點蠶食，或者沒有存在感地默默影響著，直到小問題已經累加到足夠產生作用，或者造成危害的要素同時出現、滿足了災害所需的一切條件時，事情就會走向最嚴重的狀況，沒有任何挽回的餘地。

 對小問題的疏忽足以瓦解政權

從歷史上的著名事件來看，核事故似乎最能支持木桶原理，警示著一直被放任的小缺失會帶來什麼樣的後果。

★ 東海村臨界事故

1999年9月，日本的東海村發生了核能相關的臨界事故，這個發生在核燃料處理工廠的災禍造成了兩人死亡、一人受傷以及六百多人被核輻射汙染的糟糕結果，被評為國際核能事件中的第四級。造成這個事故發生的主要原因，就是作業人員在沒有足夠防護措施的狀況下，對核燃料進行了未經規範的處理，因此而造成操作人員傷亡的慘烈事故。

在這個核能事件中，核燃料處理廠設置了「特殊小組」專門進行燃料處理作業，但特殊小組的作業程序和管制單位曾經審核的作業程序有所不同。有些說法是這種違反規定的操作是特殊小組的成員們自作主張的結果，他們的違規操作並沒有被上級認可及同意，但也有部分的說法與前者不同，認為廠內的技術專家曾經向特殊小組表示他們的作業處理程序沒有安全上的問題，但受到專家示意而違規的說法並沒有得到證實。

但無論是否有專家授意，都能明顯看出作業人員對核能並沒

有足夠的了解，日本科技廳的官員們甚至發現「特殊小組」的全體成員都不具備與核能「臨界反應」相關的知識，因此在工作時並沒有應該要降低臨界風險的危機意識。如果是經過完整的職前訓練和相關安全知識宣導，就會知道核能具有一定的危險性，那麼操作者就不可能以輕忽的態度去面對作業流程，將自己置於如此危險的處境之下。

如果將日本東海村的事件簡化，就會發現這個災難的直接原因只有兩個：1.未遵守規定的作業程序與監管機構鬆懈；2.操作者缺乏足夠的專業訓練。

在面對調查者對於為何違反作業規定的詢問時，倖存者給出了這樣的回答：「因為過去也都是用一樣的方法完成工作。」所以特殊小組的人員認為依照過去的習慣來工作，並認為這種做法沒有問題。從這裡就可以很明顯地看出小組成員的想法，他們過去一直使用違反規定的方式在完成工作，所以並沒有重視程序規定的重要性。但這些規範之所以存在，就是為了把所有可能帶來風險的因素完全剔除，確保所有人都能安全地完成每一個步驟，所以這種長期以錯誤的方式處理燃料的作業方式就是一個不定時炸彈。隨著調查單位逐步的釐清事發原因，他們還發現工廠特殊小組同時還要執行其他類似的作業，這種同一群人同時進行多個任務的安排會提高不同作業程序間混淆的風險，因此，這個事件幾乎可以說是必定會發生的災難，這中間的每一個問題都成了這些工作人員與核燃料工廠走向悲劇的重要因素。這家工廠陷入危機並非是因為它的優勢競爭力不夠而造成的，促使這場事故發生的主要原因是對於平日裡一直存在的問題視而不見，這才造成了如此慘烈的結果。

★ 車諾比核災

除了日本東海村的事故之外，許多人都知道的車諾比核災也是因為各種被忽視的原因所導致的，這個事件甚至大大的影響了國際局勢。

車諾比核災的發生，是因為一次趁著反應爐停機保養而進行的不規範實驗所造成的，這個實驗從最開始就持續不斷地在累積問題，因此造成了重大災害的發生。

國際核能安全諮詢小組（INSAG）在車諾比事故後的調查報告中寫著：「安全文化的缺乏導致了此次事故，這不僅是車諾比電廠，更是蘇聯核電設計、營運及監管的整體結構性問題。」這一句話，清楚地說明了此次最大的問題所在——缺乏物理與核反應相關知識的工程師、不健全的核實驗相關批准程序以及未經批准與評估就進行實驗的實驗小組，再加上不夠安全的防護措施

與資訊傳遞，這些問題堆疊起來，造成多人死亡、患病且影響著全世界，成為籠罩著東歐與其他地區多年的沉重陰影。

這是各種問題被忽視而造成的極端案例，但卻能作為一種警惕，讓人們知道放任問題存在可能會帶來什麼樣的破壞力。

★ 被動搖的聲譽及倒塌的政權

或許有些人會說：在日本東海村與車諾比的事件裡，只能看到大量的問題，並沒有看到被影響的優勢存在，與木桶原理中劣勢決定群體上限、弱點減少優勢存在的影響力這種問題導致優勢無法發揮作用的概念有點出入。

確實，光是了解車諾比事故發生的原因，只會看見各種問題存在，但如果再往後探究，原先靠著核燃料工廠的穩定運行賺入大量金錢的JCO公司被迫關閉，原先以嚴謹的精神被世人所認識的日本差點就背上了失信國家的名稱，破壞了長期累積的良好形象。車諾比的事件與日本臨界事故相比，影響又更為深遠，甚至將國際社會上的勢力重新洗牌，讓兩強的國際局勢一度變成了一超多強的狀態。

俄羅斯的前身——蘇聯擁有大量的天然資源，靠著這些資源，他們發展了航太、科學與核能的技術，如果不是因為在核能管控上的疏忽與對待核實驗不夠嚴謹的心態，就不會令如此嚴重

的事故出現，甚至為了這件事，動搖了蘇聯對境內的絕對統治，造成一個龐大且強勢的政治體系瞬間瓦解——因為蘇聯對訊息的控制，造成了境內長久處於資訊不發達處境下，甚至在車諾比發生的時候，還有官員給了主要領導人錯誤的資訊，使得當時的總理無法及時做出準確的判斷。在這種情境下，人民不知道核輻射的危險性、領導者戈巴契夫也沒有意識到事情的嚴重程度，所以在車諾比事故發生的當下，核電廠附近的居民只想著要及時滅火，卻不知道應該要立刻疏散、遠離災區，造成許多人在受到輻射的第一次傷害後又受到核汙染的二次傷害，受害者人數因此而大幅增加。於是，蘇聯人民開始對政府產生了不滿和質疑，群眾的怒火讓當時的總理戈巴契夫決定開放資訊傳播的管道，藉此將逐漸腐朽的體系進行改革，但這個做法依然無法拯救被車諾比這根「稻草」壓死的蘇聯，於是這個強大的統治集團就此沒落，在五年後的1991年時，消失在歷史的長河之中。

戈巴契夫對於此次核災對蘇聯發展的影響，做了這樣的評價：「車諾比核事故可能成為五年之後蘇聯解體的真正原因，其重要程度甚至要超過我所開啟的改革事業。」

重視弱點和發展優勢一樣重要

就算是蘇聯這樣手握豐富資源、高度集權的強大統治者，也會因為一個核災就大受影響，而這個核災發生的源頭，竟然只是一個專業度不足的實驗小組、一個長期以來都不夠完善的程序以及一直不受重視的安全防護建設。

當時的人們肯定很難想像，一個存在了幾十年的龐大國家會因此而瓦解，一個具有歷史意義的大國尚且如此，更何況是一般的企業、組織或團體，如果忽視掉一直存在的短板，就有可能為體系內的所有成員帶來困擾，破壞掉群體之中原有的穩定，給組織管理者帶來沉痛的打擊。

光是盯著企業優勢，無法使企業擺脫掉拖累群體、拉著所有人一起降低效率的寄生蟲，或是將隨時可能帶來破壞的定時炸彈徹底移除；光是想著如何讓班級中的資優生變得更加優秀，無法讓班級解決被後段學生影響的班級氣氛，或是解決部分學生想上課，卻被差生影響導致無法專心的問題。

補足弱點，使它變得跟優點一樣出眾，就能改變資源被浪費，以及團隊必須靠著互相拉扯或降低標準去遷就才能完成合作的窘境；將問題妥善處理掉，就能避免它成為破壞整體的引爆點，在遙遠的未來掀起波浪，毀滅掉經過長久經營才走上穩定道路的組織。

既然強調的是補強弱點的重要性，那這個概念就必須將注意力放在劣勢，去深入討論其中的意義。木桶原理不討論優勢如何運用，而是將目光集中在劣勢和缺點上，這是針對短板而出現的意識、聚焦在改善缺點上的實用理論。

因木桶原理而衍生的其他理論

★★★

除了短板理論之外，還有許多因為木桶的狀態、木桶的形狀與木桶的大小等不同面向而創造出來的理論，這使得大家在提起木桶原理時會覺得這種理論非常多元、非常複雜，因此而無法全部了解，加上這些延伸說法不具有統一性，各個不同的觀點在網路世界中流傳著，接下來我們就從眾多論述中去篩選，挑選幾個以木桶的形狀作為核心，討論形狀對於木桶來說有什麼影響的延伸說法，同時去探討這些影響衍生出的理論，以此去研究在組織管理上的現象與問題處理方向。

1 在每塊木板都相同的情況下，木桶的儲水量取決於木桶的形狀

在周長相同的條件下，圓形的面積會大於正多邊形，其次是正方形、長方形，最後才是三角形。在每個木桶的高度一致的

狀況下，擁有最大面積的圓形木桶會是所有形狀的木桶中儲水量最大的。圓形在一般情況下會給人一種團結、向心力強的象徵意義，所以將圓形木桶放在這個衍生理論上，就是要強調一個組織若要達到最高的效率、追求更好的前景，就必須要有一個中心點，讓所有組織內部的成員圍著這個圓心環繞，形成一個彼此之間結構穩固的狀態。對於企業來說，這個圓心就是公司發展的核心理念，以及公司內部所有成員的共同目標。

組織裡每一個部門都要向著核心目標而用盡全力，從各自擅長的、負責的方向去努力完成這個目標；作為管理者來說，偏向任何一個部門都會破壞原先具有的向心力，讓其他成員們因為不公平的待遇而失去對共同目標的熱情，最後，所有人都會優先考量個人的利益，使圓的結構被破壞，讓「木桶」變成了「其他形狀」，「儲水量」也會因此而大大地減少，既減損了集體的利益，又讓每個個體能獲得的利益跟著減少，所有人都無法得到好處。

保持圓的結構穩固，是企業要長久發展的要點之一，只有維持所有人對完成共同目標的決心與動力，才能讓組織永久地穩定經營，將企業推向一個新的頂峰階段。

❷ 一個木桶的儲水量，會受到木桶的直徑大小影響

每個木桶底部都有不同的面積，就算都是圓的水桶，也會因為底板圓形的直徑而讓兩者的大小不同，而直徑大的木桶自然就具有更大的優勢，能容納的水量也就大於其它的木桶。

這種理論用在各種企業剛創立、並且準備進入市場的初始階段，每個企業的起步略有不同，有的企業創立者重視穩定，所以用穩紮穩打的策略去經營公司，初期就打下了堅實的基礎；有的企業創立者重視效率，所以在公司的創立初期就選擇了速戰速決的經營策略，導致沒有注意到的部分過多，因此基礎薄弱沒有辦法承受任何意外。有些公司受到創業者的人脈與領導手腕所影響，掌握了大量的資源，讓公司有更多籌碼能取得經營所需，有的創業者前期準備不足，對人脈沒有進行適當的規劃，或者並非出身於管理相關的領域，因此導致資源匱乏，只能咬牙苦撐。

這方方面面的影響都會對一個新興企業的發展起到關鍵性作用，因此用木桶底部的直徑作為比喻，說明初期建設對於一個公司來說有多麼重要。

❸ 木桶儲水多少還取決於木板的厚度

當木桶底板的厚度不夠時，水桶的底板的圓形直徑越大、長度越長就會越危險。在這個理論裡，員工的專業度與能力就是木板的直徑或長度，而員工的品性則是木板的厚度。這種理論著重於討論品德的重要性，長久以來，對於聘用人員的標準一直沒有一個定論，有些人認為任用一個人只要看能力就好，只要有比別人更強的能力，即使品性不端也無所謂，但在這個論述中，更強調員工的品性，支持這派說法的人們相信員工的品性才是決定一個企業是否能長期穩定發展的因素。

如果企業只重視員工能力卻不重視品德，就有可能會在未來動搖這個企業的根本，要知道一家公司的發展性與潛力，首先要看這家公司有多少重視道德價值、注重規範和底線的人，其次才是了解公司內部能力出眾專業性強的人有多少。如果一個人光有才能卻沒有品德，那麼這個員工很可能在未來為了私人利益而對企業和其他員工帶來損害，危害程度將與其個人的能力成正比。

當一隻狼擁有越強的捕獵技能時，牠所擁有的潛在威脅也就越強，因為狼的野性很難被完全消除，牠們不但無法被完全馴養，而且胃口還比家犬大得多，所以當有一天牠想要更多、更好的東西，但這些東西超出飼主所能供給的程度時，牠們就有可能試圖靠著攻擊飼主取得資源，而給飼主帶來致命的傷害。

企業中品性不端的人就像是帶有野性、無法被馴養的孤狼，當有一天公司無法提供他們所需資源時，他們就會伺機反咬一口，這時，過去越受重視的能人越有可能對公司造成重創，畢竟他們有能力建設公司，也就有能力在工作的過程中觀察出公司的弱點在哪裡，所以當他們因為沒能得到滿意的薪水，或者為了跳槽到更好的公司而選擇反水時，就有可能會去破壞公司原有的優勢與競爭力。

4 木桶儲水多少還取決於木桶底面的面積

如果一個水桶的底面面積不夠寬，就等於沒有了一個平台，沒有足夠的發展空間就會讓員工被束縛住，沒有辦法讓真正的能力完整發揮，實現自我價值與做出一番大事業的野心。

這種難以大展身手的工作環境是無法留住有能力的人的，只有對生活抱持得過且過的態度，並且對工作沒有衝勁和動力的人才能長久待在這樣的職場裡，對於有能力又有事業心的人來說，他們需要有更多表現機會和更自由的工作環境，才不會容易產生懷才不遇的灰心感受。當「桶底」的面積足夠大時，就能容納長板子的延伸空間，假如桶子底部的面積很小、出現了立足點不夠的問題，此時組成桶身的板子越長，就越需要各自向外延伸，那這個窄底桶子在靜置狀態時也會容易不穩，比起寬底的大桶子，這種桶子更容易在經過的人輕輕一碰之後就倒下。

即使再短的板子也需要一定的空間去做延伸，員工們只有在夠大的平台才可以盡情發揮自己的特長，如果光有一群能力很強的職員，卻不給他們足夠的表現機會，這個企業就會變得像底盤不穩的桶子一樣，所有構成桶子的板子都會朝著自己向外的方向傾斜，而不是平穩地直立在底板上面。

這就像是職場中的員工們一樣，因為表現機會少，他們會更傾向於替自己爭取機會而不是互相幫助，這些人會像每塊木板都向外傾斜的木桶一樣，如果每個人能力值差不多、運氣也相差不多時，會因為爭取到的資源相同而維持在一個恐怖平衡下，這種不穩定的平衡狀態，可能會因為其中一個或一群人爭取到比其他人更多的機會、得到更多資源而被改變，直到整個公司都像木桶一樣，往最重、最長的那塊木板倒下去為止。

只有每塊板子的長度和厚度、材質都差不多的時候，木桶才能一直保持站立的狀態，如果有其中一塊板子特別重，桶子就會慢慢地朝著單塊板子傾斜，這種情形在資源稀缺的企業中也能經

常看到。

如果有一個人得到的機會遠高於其他人，公司可能會更倚重這個員工，將所有資源和升遷機會都給這個人，當其他的職員意識到這少量的表現機會和資源只會屬於單一人選、其他人都沒有機會得到時，會越來越沒有動力去表現更好的自己，只維持最低水準的工作表現，與獲得幾乎所有資源的幸運兒大相逕庭。掌控資源的員工會設法維持現在的優勢，為了一直保持這種在微量機會中取得資源的幸運，他們可能會不擇手段地去對付其他人，力求爬上高位、成為不再需要為了機會而煩惱的管理階級，讓整個職場變得充滿負面的氣息。

綜上所述，企業想避免這種成員間鬧內鬨的問題發生，就必須給員工們一個面積夠大的「桶底」，一個不需要爭搶、人人都能獲得表現機會的工作平台，這樣才能讓員工們用更正面、更積極的心態去面對職場，因為知道所有人都有發展的機會，就會對公司更有安全感與認同感，讓全體人員產生對外競爭的一致攻擊力，而不是內部人員間互相爭鬥、消磨精力，造成沒有意義的多餘消耗。

上面四點是從木桶的形態變化和形狀等方面去想像，並進行

管理學上延伸思考和參考應用的結果。這些變化出來的理論可以用來解釋各個職場中可能會遇到的不同問題，這些問題涉及企業核心理念、初期建構、人事任用以及資源與機會分配等方面，但在討論群體管理的不同面時，同一要素可能會代表不同的意義，如：在討論木桶底板厚度向時，底板的意義更像是員工本身；在討論木桶底板的面積時，底板所象徵的事物更像是資源，而不是職員。如果要了解這幾種理論，就必須先意識到這點才不會被混淆，將每種理論想說明的論點夾雜在一起，造成錯誤的理解。

與木桶原理相關的其他視角

★★★

木桶除了會隨著使用時長、創造者的設計或使用方法而導致形態改變之外，還有木桶的存在意義、使用的方法等方面可以去做討論，畢竟不管是什麼物品，都有它之所以出現的理由，也總能發現各種與初始發明者認知不同的物品使用方式。

將這些與木桶形態無關的意義加以延伸、討論，就出現了更加多元的論述，豐富了木桶原理這個系列的相關理論，接下來，就介紹幾個並非由形態演變而來的特殊理論。

1 木桶最後能容納的水量，與木桶在使用中的狀態和方法有關

雖然初始的木桶原理強調最短的木板才是決定儲水量的重要因素，但物品是死的，人的思維和動作卻能維持在一種靈活的狀態下，所以遇到了短木板減少容量的狀況下，我們可以透過特

殊的使用方式，配合木桶的狀態去調整使用方法，從而增加儲水量。例如：透過把木桶向較長木板方向傾斜的做法，儲水量就會比直立、垂直於地面的木桶更多一些，在短期內無法修補破損短木板的情況下，這是最簡單的處理方式。

如果在短木板被修補起來、恢復了原狀的情況下，要使木桶能夠永久維持在最大的儲水量，就必須取決於所有木板之間的緊密性，只要能夠使每一塊木板緊緊貼合在一起、讓空隙消失，按照每一塊木板的形狀去排定適當的位置、嚴密貼合不讓漏洞出現，這樣就能避免木板之間出現縫隙，導致漏水。這就像是工作職務上的安排，如果所有人都能被安排在自己適合的工作崗位上，當每一個人都全力以赴、完美完成自己的職責，並且與其他人達成良好的配合時，就能避免「漏洞」出現，藉此提升整體的效率。

一個群體之間需要有良好的配合意識，只有每個單位之間都能做好業務上的銜接工作，並且在成員們有需要的時候靈活、彈性地進行補位、協助彼此完成工作，才能讓最終的「儲水量」有所提高。

在這種理論裡，不關注任何一塊單一木板的長度，而是將關注點放在「是否靈活控制每塊木板」之上，如果控制木桶的人無法靈活地使用更長的木板去改善短板的缺陷，那麼無論這堆木板

的長短如何，對於控制者來說就只是一堆普通的木板，而不是一個完整、實用的木桶。

木桶在這裡指的是整個公司，桶子裡面裝入的水就是一個企業真實的競爭力，而使用者則是企業、公司的管理階層，負責做人員調動的重要人物，要坐在這個位置上，就必須意識到一個群體要維持穩定的運作必須要有彈性調整的能力，不能只是隨意地安排每個成員到任一的職位上，並且死板地讓所有人完成自己的任務。太過僵化的人事管理無法應對特殊狀況，如果遇到有成員因為短期狀態不佳或者必須請長假的狀況，這種無法靈活調整職務的制度或安排就會讓整體工作延宕的風險增加，使全體的核心目標被一個小部分拖累。

這裡強調的已經不再只是木桶的任何狀態，這種理論更重視的是「儲水」的方法，甚至會進一步討論「用水」這個後續的動作。

管理者的儲水行為就是加強企業競爭力的一切決策，例如：加強廣告行銷、調整產品品質，以及上面提到的靈活調動人員等，但一家公司存在的目的並不僅止於增加實力，最終的目的還是在獲利。所以要如何運用桶子裡的水、把桶子裡的水換成更需要的東西，才是所有人最關注的一個點。僅僅是討論儲水的過程是不夠的，對團體來說，雖然儲存的水越多越好，但如何將水妥善利用還是一個相當重要的問題，「儲水」和「用水」是相輔相成的，公司的實力突破了一個程度，自然就能換取更多利益；當取得的利益又再次投入公司內、再次加強內部競爭力時，公司與其他企業競爭的籌碼自然會再次增加。

2 木桶原理衍生的哲學思維

這裡我們探討的是類似「先有雞還是先有蛋」的哲學性思考議題，但討論的主體是桶子和水，藉著探究「先有水還是先有桶子」的問題去釐清企業必須優先考慮的部分是什麼，其他部分又要如何調整配合。

如果是按照木桶原理來看，先存在的是代表著各種競爭條件的木桶，這些條件會決定著代表公司的效率和利益的水會有多少，如果想要讓公司獲益更多，就要根據目標去調整整體的優勢與劣勢，將短板修正、將優勢再次提升，在這個調整的過程裡，競爭力會從小木桶變成大木桶、從短木桶變成長木桶。沒有任何一家公司的實力能夠從一開始就像是最大、最深的木桶一樣，所有的企業都必須在長久的經營下才能從小企業變成大企業，甚至是國際規模的超大企業。

木桶原理在實踐與理論上並非完全相同，有時候要先有前期的資源才能開始決定要如何打造企業。這時，公司的初期團隊、

創辦人可能還不清楚自己所擁有的優勢、劣勢到底在哪，就像是看著眼前的水卻沒有工具能裝起來的狀況。

在這個時間點，幸運一點的人可能還能擁有一個有雛型但不完整的桶子，大多數人通常只會有個看不出形狀的木桶材料，甚至只有幾塊木板。這些創業家只擁有半成品或原料，而不是提著一個完整而實用的木桶，他們也許可以通過這幾塊零散的木板資源賺取所需，然後才真正打造出第一個實際意義上的木桶。

除了創業時期的破漏木桶之外，正式走上軌道的公司也可以參考想要達成的目標，再去判斷公司需要多少「木板」。想要儲多少水，是用來決定需要收集多少木板、持有木板長短的考量重點，用想要的水量去製作量身訂製的桶子，是為了避免投入過多的資源去完成一個很小的目標，浪費了那些為了增加競爭力而投入的前期投資，或者投入過少讓目標無法完成，使其他為了目標而爭取的優勢白白浪費掉。

除了擔心因為浪費或缺少而適時調整木桶大小外，有時候讓企業的桶子顯得很淺、很小，就是一種迷惑競爭對手、使對手輕視自己而表現出來的弱勢。如果在商業競爭中表現得無懈可擊、固若金湯，有些機會就會因為商業對手的謹慎而無法取得。有時故意把自己的弱勢攤在陽光下，就會給對手一些僥倖或輕視的心理，這時再以自己的優勢去進攻別人相對弱勢的點，才能藉此機會取得勝利。

這兩種理論的重點更偏重於討論管理者該如何對公司的資源進行安排，又要如何更彈性地去安排職位、調動人員去填補短期的空缺。在這兩個觀點中，都要求管理者要能更靈活地去處理每一件事，因為無論是職位還是資源的利用，都可能存在著臨時發生的、正常情況下不會出現的特殊狀況。在對企業或組織進行管理時，要將方方面面的事情都考慮清楚，考慮到每一種發展、每一種可能性，並給一些可能會帶來麻煩但極少發生的危險留下一點餘地，避免真的遇到這些事情發生時只能手忙腳亂，不是要花費大量力氣去處理，就是根本無法處理，只會讓事情繼續發酵，直到事情出現轉機為止。但這種轉機不是每次都會有的，如果沒辦法做到靈活應對所有的事情，通常遇到問題的時候就只能放著不管，直到小問題變成另外一個劣勢為止。

如何用木桶原理讓資源最大化

★★★

初始木桶原理在管理學上還有進階的解釋，也就是將「木板」以「加法」與「乘法」兩種思維去進行應用與分配，產生出不同的結果。加法效應就是將所有資源與人力的產能直接相加，得出最直觀的結果；乘法效應則是與協同作用 1+1>2 的概念相似，力求每項資源都能夠為彼此帶來正面影響，創造出相乘的效果。

加法效應的管理者思維

加法效應的思維是最簡單直接的管理模式，套用至木桶原理來解釋，就是直接將企業管理的各個板塊以加法的方式去計算效益，算出每個部門能帶來的收益總和，在加法效應中，木桶所能盛裝的水量被認為是每塊木板的「長短」相加的結果，木板的長短會直接影響木桶總容水量。簡單來說，就是企業計算所有單位的總效能是以最簡單粗暴的「加法」去看待，直接將各部門的績效相加，直接當作是公司的整體經營能力，或者主管將手下所有成員的能力去做分析，並在分析後相加直接當作是自己管理的團隊所能達成的最高效率。

以商店販售新款商品作為例子，來了解加法效應在一個團體中是如何作用的：

假設今天有一家服飾店，他們設計了一款新的吊帶褲，並由店裡所有的店員各自去推銷與販賣。員工A拿著吊帶褲到校園中銷售，因為款式新潮時尚，所以賣出了100件；員工B拿著吊帶褲到中老年人為主的社區販售，但因為穿脫不便加上款式過於新潮，所以只賣出了10件；員工C帶著吊帶褲到觀光區去做推銷，但因為遊客旅遊行李以輕便為主，所以很少會在觀光地區購買多餘的衣物，所以只賣出了5件。

以加法效應去看待這家服飾店，這群員工們的銷售能力為100+10+5，也就是賣出115件商品，因此，這家公司只有賣出115件吊帶褲的能力。

在這樣的計算方式下，幾乎不考慮各個單位、部門與所有員工之間的合作會如何產生交互作用，只個別地討論一個獨立單位與個體的能力值。

這種算法雖然會讓評估的單位省下很多工作，但也容易造成特定的單位及個人明明能帶來許多益處，卻因為能力而被視為無用或低效能的狀況，例如：在一個單位中，有一個員工雖然在工作上的能力只有中間偏下的程度，但他非常擅長氛圍調節與衝突調和，有他在的地方，就能輕鬆維持職場的活力與向心力，帶動所有人，使部門中的全體成員都能輕鬆地保持在工作上的熱情與效率。

如果單純用工作能力作為企業的用人標準，那麼這個環境調和者就極有可能是公司裁員時的選項，讓辦公室變得沉悶、沒有活力，因此而讓全體成員的工作效率都大幅降低。

與單一個體同理，有的部門的工作性質無法單純用數據去評估，這些部門的工作性質更偏近輔助或另外兩個部門間的連絡橋樑，如果只用數據去分析，就容易讓這些部門看起來像是養老用的多餘崗位，讓管理者產生砍掉多餘部門以達成省下多餘開銷的想法。

要解決這種問題，一個公司的高層管理就必須要用更加靈活的方式去了解內部所有的大小事，真正了解那些沒有被數據所覆蓋的影響層面，以及如何用「乘法」的方式去更直觀地了解各成員、部門之間經由合作所帶來的、更符合真實現況的公司營運狀態。

 乘法效應的管理者思維

乘法效應與加法效應相比更接近現實，但與加法效應相比更難用數據去羅列分析，對管理者的整體整合理解能力也有更高的要求，因為構成整體的每一個微小部分都會因為各種不同的原因而影響整體的表現，由微小的個體互相影響，發展成部門間的合作問題，最終，這些零碎的事物帶來的影響力會放大數倍，這就是微小的要素對整體帶來的蝴蝶效應。

以前文服飾店銷售新產品的例子來看，就會變成以下的狀態：

假設服飾店進行了人員擴充，員工數量增加到十個人左右，如果以加法效應去計算，所有人能賣出的吊帶褲總和大概是700件左右，但今天擅長發掘所有人能力、將人員進行適當職位分配的一位管理者買下了這家服飾店並繼續聘雇這十名員工。管理者將擅長分析客戶群體的A派去從事行銷工作，讓他盡情挑選要在什麼平台上進行銷售、在什麼樣的地址設置賣場；將擅長書寫廣告文案的B派去設計媒體廣告與社群文案，B將媒體廣告投放在電視台與媒體網路，並將社群文案交給A，由A去選擇要與什麼樣的網紅合作，吸引更多年輕族群購買新潮的吊帶褲。管理者將曾經有過倉儲管理經驗的C派去管理倉庫，並由擅長講價的D去

與倉庫房東談租借的價錢、與設備所有者談租借大量生產產品的全自動化機器需要多少錢。最後，有物流背景的E和F成為了運送商品的專業快遞員，剩下的人則是在工廠中協助生產，加快吊帶褲的生產速度。

原本這十人總共只能賣出700件商品，但因為恰當的訊息投放管道與有針對性的客群選擇，加上吸睛的廣告設計，所以知道這項商品資訊並有購買意願的人增加到了20000人左右；因為有好的採購與財務人員，所以省下來的成本能夠購買更多的原料增加產品生產量，原先只能購買製造10000件吊帶褲原料的成本，可能就能購買製造20000件以上的吊帶褲所需要的原料，還有足夠的存放空間；因為有夠多的產品製造人員與設備，以及專業的物流人員，所以能夠在一定時間內生產足夠的商品，並在時限內送到消費者的手中。

適當的人員分配與適當的單位分工，能帶來的就是這樣的效果，同樣的人數，如果只用個別銷售能力去加總，就只能賣出少量商品，但如果能意識到各部門所具有的不同功能以及相互配合後的結果，就能做出更好的安排，達成更高的工作效率。

大多數的企業管理層對公司組成要素的認知都還停留在「加法」層面，也就是說，各大企業的高級管理層可以很輕鬆地察覺到公司各項業務部門的能力強弱，比如銷售單位在市場上的表現、研發單位生產出的產品是否符合時代趨勢、生產工廠是否能維持商品品質與財務部門是否能在與供應商談合作時盡可能地壓低成本等。

因為只專注在整體表現的加總上，管理者們就無法知道各個單位之間的彼此影響會帶來什麼樣的結果，這種管理風格很容易帶來以下問題：因為看重加總後的結果，所以更傾向死命發展優勢去填補短板所帶來的劣勢，任由短板部門持續被蛀蟲腐蝕、破壞，直到發現短板會嚴重拖累其他所有的部門工作的效率，連優勢都無法填補問題，只能隨著劣勢一起共沉淪。還有在發展困難決定放棄掉相對無用的部門時，因為思考不夠全面而去除掉實際上很重要的部分，導致一個企業更加快速地走向末路。

舉例來說，一家公司有著最強的產品研發單位與最差的產品管理單位，公司的管理層習慣以加法效應的思維去檢視部門，因此他們認為一強一弱兩者相抵消的結果能帶來平衡，不必特意去改善產品管理方面的問題。

這家公司的研發部門不但擅長分析市場，還能在順應潮流的狀況下研發出各種功能齊全、符合市場需求的商品，但他們的產品管理部門卻相當散漫，廠商製作商品時零部件常東缺西漏、商品運輸時包裝不良導致物品出現刮傷、撞擊損害等問題，許多原先抱著期待的買家在看到商品時紛紛向公司投訴，要求換貨或退

款。原本公司能夠藉著各種設計優良的商品在市場上打出名號、席捲市場，但因為近乎災難的品管，於是好的設計就這樣被浪費掉，使公司的業績未能達到預期中的最佳效果。

另外，有些大眾眼中的無用部門，如：財務部門中負責採購的部分，在許多人的認知裡，採購的作用只有買東西，這種事情誰都能做，只要有錢就可以。但事實上，一家公司的採購能力影響的範圍極廣，舉凡研發所需的淘汰成本、生產與運送過程所需的耗損以及正常生產所需要的零部件都需要仰賴採購部門，這是很難直接被看見的隱藏部門，如果採購的團隊擁有更強的金錢規劃與談價能力，就能從原料供應廠商的手上省下更多經費，讓新產品研發與產品製造能使用的資源更加豐富，從而獲得更高的收益與利潤。

如果一家公司的管理層眼光太過狹隘、沒有足以撐起一家大企業的大局觀，就有可能將採購部門的人員減半，使得所有採購團隊的工作更加吃重辛苦，無法與之前一樣有效率地爭取更好的交易價格。這就是在加法效應中容易被忽視的問題點，如果管理層以乘法效應去處理這兩種狀況，就會傾向及時修補短板，避免短板為長板帶來「除法」的作用，或者將相乘後能夠帶來超出所想的效果的部門縮減，破壞了原先由乘法效應帶來的優勢。

公司中容易被低估作用的單位有HR或行政管理等輔助類的

工作崗位，這類工作對企業的影響比其他部門更需要依賴乘法效應去發現，若是只靠加法效應去評估，會更難看出他們的貢獻。

加法效應與乘法效應兩種思維模式各有優缺，但要實現整體功能最大化，還是必須以乘法效應的思維去安排、去評估，真正去了解各個部門間交互合作後能帶來什麼效果。管理者們一定都希望雇用的人、設置的部門都能達到最大的工作效益，但為何真正以乘法效應思維去管理公司的人卻相對比較少呢？

這或許可以用專業分工的標準化去做解釋。

現代的多數商業管理都偏向以專業進行分工，同一個部門的人員都只做自己被分配到的工作，也因為大家都做一樣的工作，就會產生一種平均化的標準，去定義「正常」的工作量是多少。專業化的工作模式能帶來更高的生產效率，並減輕主管階層的管理與監督工作，分解化的工作模式確實為眾多企業帶來了超乎所想的價值。

但因為所有人做的事情都是一樣的，所以所有人的工作效率都可以被量化，久而久之，人們就會習慣用可量化的資訊去判斷，不可量化的行為標準因為有一定的分析難度，所以就容易被忽視，不會成為參考一個人或一個部門價值的評估標準。但就每個團體的整體性來說，企業並不只是由可數據化的部分所組成，其餘不可數據化的部分也是相當重要的，兩者的平衡穩定才是讓

一家企業不斷成長的訣竅，過度強調專業化的時代，隨之而來的就是無法量化的價值被徹底忽略，不可或缺的事物因此而被管理者們棄如敝屣。

如果把一家企業分化成多個項目，然後只用量化數據作為參考值，搭配加法效應去做規劃，就容易產生幾個錯誤的觀念：

1. 只要稍微填補劣勢，整體水平就會提升。

2. 只要缺點在能接受的範圍內就可以了。

要改變這種因為量化而導致某些部門的重要性被低估的狀況，必須要以整體的視角去討論營業模式，量化式的評估模式注重的是細節，也就是將整個群體拆開，分門別類去打分的做法，而乘法效應所看重的一體性則是與之相反，強調的是所有部分的和諧與穩定。

企業要對各個部門的業績進行獨立、分解式的考察時，不能只重視各個單位分別給出的成果，還要將不同部門各自提交的業績相加後與整體的經營結果去做比對，以加法效應估算後與實際狀況作比較，找出乘法效應所帶來的差距有多少、乘法效應在加法效應的基礎上帶來的效益有多大。在對企業經營管理的架構上優先以乘法效應進行整體設計，能夠了解各單位間現在的狀態究竟為何，不管是彼此間互拖後腿，還是在各自的能力基礎上達到了完美配合、用合作帶來了數倍的工作效率，都能清楚地被發現並分析出來，讓企業的高層主管們能及時看出各部門間的合作狀況，並決定要解決或維持現況。

企業的各種要素與工作能力在更符合實際狀況的乘法效應下會更清楚明顯，有時會更容易讓人看出兩個企業間的真實差距。企業只有在真正以乘法思維去調整並建立起合理的合作機制，才能與其他企業拉開差距。

這種做法是很難被其他企業模仿的，只有比其他人提前意識到各個員工、單位間的交互作用，才能先其他企業一步建立更加穩固的經營模式。

補齊短板，增強可控能力

★★★

用攻防戰去看木桶原理

木桶原理的概念最重視的部分就是協調性與適應性，它是一種注重平均發展、不優先考慮最優勢項的管理學觀點。比起將資源和精力集中在單一的優勢上、以最強的能力和優點去與他人進行競爭，這種理論的支持者會更偏好將所有方面都發展到最好，既然要讓各方面都發展到極致，那麼只將重心放在出眾的部分是沒有用的，只有補齊不足的部分，用消弭弱點的方式使全部的能力都變得一樣優秀、一樣強大，才是真正符合「各方面」都發展到極致的理想。

這種增加整體競爭優勢的方法具有一定的實用性，而且也是個相當重要的理論，因為在了解了它之後，就能讓人立刻意識到及時處理劣勢的重要性。

木桶原理可以用兩國交戰的概念去說明，只要以守城者的立場去看城池攻防戰，就會了解為什麼要及時將問題處理掉、補上漏洞，不能讓劣勢一直存在：

當一支軍隊守著城牆時，如果城牆只有一面是堅固的，那麼敵人就有可能從其他方向來發動攻擊；如果城牆的其中一面到兩面存在著弱點，那麼敵人一樣可以制訂有針對性的攻城計畫去破壞這幾個方向的防守，然後進行下一步的強攻。只有當守城者的防守沒有任何破綻，城牆也固若金湯，四周有護城河環繞，攻城者才會找不到任何可以下手的弱點，而放棄攻城，轉而尋找下一個更有機會拿下的地點。如果守城者沒有定期檢查城牆的完整度、檢討防守計畫中的問題，並以最快的速度處理掉缺陷，就是不可能出現幾乎完美的守備，總有一天會被新的攻城者抓住漏洞，以此為契機攻下那看起來堅不可摧的厚重城門。

以最快的速度將問題解決掉，就可以避免問題在之後成為被他人拿捏的把柄，長期忽視某一些狀況的存在，有一天這些擱置了許久的弱點可能就會成為被他人針對、攻擊的目標，或者變成具有強烈傷害性的危險問題。

企業如何有效應用木桶原理

要將木桶原理應用在企業上，可以從幾個方向下手，分析並處理優勢與劣勢間的平衡問題：

1 了解核心競爭優勢及劣勢

應用木桶原理首先要面對的問題就是對企業內部的優勢與劣勢是否足夠了解。

企業可以從最重要的一個部分——產品去做深入的研究與分析，如果是新產品，就要經過足夠的市場調查、花更多的心力去觀察這項產品在市面上的評價如何，如果在市場上的表現不如預期，很有可能就變成了木桶原理中所認定的短板，如果不立即處理，像是重新進行產品研發、改良或下架等動作，就可能會在生產這個產品時付出大量的資金卻無法回收成本，造成多餘的損耗。

另外，產品的品質控管也很重要，如果一家公司的產品無法維持穩定品質，就很容易影響公司的聲譽，難以培養穩定的客戶群。若確認產品品質沒有太大的問題，那麼接下來要注意的部分就是人力、廠房或設備的問題。

在人力的安排上，包含薪資合理與否，以及是否對每個可用人才都足夠了解，並確實將這些人安排在適合的崗位上，並注意過猶不及的問題，如果員工薪資過低，就可能會造成不滿情緒，而這些情緒可能會被隱藏起來，在未來發酵時引爆集體的憤怒，帶來負面的後果；如果員工薪資過高，就可能耗費過多的資源在無用的人員身上，這些資源用在產值較少的員工身上，就會讓他們領取與其能力不匹配的報酬，對企業來說是一種無意義的浪費。

以廠房的部分來說，乾淨與衛生是否能有效維持也是關鍵的重要條件，尤其對餐飲業、高科技業來說，乾淨的廠房設備是決定產品價值的第一步，如果用來生產與儲物的空間不夠乾淨，或者設備沒有定期清理、更新，就有可能令產品被汙染，導致消費者收到有問題的食物、3C產品等物品，使得品牌在使用者心裡留下了不好的印象，那麼下次在購買這些產品時就會猶豫是否購買，或是不考慮而直接改買其他品牌的商品；如果設備沒有定期保養、更新，還會影響產品生產的效率，導致產品的產量或品質下降。

除了實際的產品、廠房之外，無形的品牌也能成為一家企業的優勢或劣勢，品牌帶來的宣傳效益非常大，維持自家品牌的好名聲、讓人們相信你的品牌是優質產品的代名詞，就能維持長期的競爭優勢，反之則會讓大眾在看到品牌名時有所質疑。

從品牌建立開始，產品品質老是出問題的企業，是很難取得

消費者信任，例如頂新假油事件，讓林鳳營鮮奶也受到波及，很多人在進入便利商店、超市購物時只要看到特定品牌的商標就會直接略過，就算是新產品或改良品也無法產生想嘗試的意願。如果已經失去了大眾的信任，辨識度高的品牌與商標就變成了一種劣勢，需要花更多的心力去挽救。

除了上述幾個可能成為優勢或劣勢的項目之外，還有許多會影響自身核心競爭的要素，包含成本效益、客戶服務和合作對象等，只要找出在市場上相對其他競爭對手所具有的優勢與劣勢，就能開始進行下一步的改善動作了。

2 資源的配置比例和優先順序

企業在對自身的優勢與劣勢進行了全面評估後，接下來就要清點內部現有的可用資源，並以前面所考量、分析出來的優勢與劣勢作為未來發展計畫的參考依據，評估如何運用這些資源，合理分配到每一個地方，讓資源能發揮它的最大價值。

以木桶原理作為根據去進行安排，就要先將資源放在填補缺漏上，木桶原理強調問題或劣勢的危害性，如果放任不管，只知道全力地發展最強的業務、產品或部門，就容易讓漏洞變大，成為掉鏈子的一環，不僅破壞整體的穩定性，也會讓問題效應發展，最後很有可能導致難以填補的巨大黑洞。

雖然解決問題和缺漏很重要，但這裡所應用的木桶原理是指優先處理缺失的地方，而不是要將資源全部分配到問題最大的部分上、拿去填補漏洞，而是要將資源按照比例進行分配，確定有所不足、想改善的部分有哪些，再投入比例較多的資源。屬於優勢但還可以再加強、繼續保持或增加實力以維持領先地位的部分有哪些，也要投入少比例的資源，用來維持特定方向的領先地位。區分出重要的核心領域、部門與相對不重要的非核心領域分別是哪些，將所有不同的部門、設備和特殊情況列表記錄下來並進行排序，再依照排完後的順序逐一進行資源分配，按照順序去分配資源可以解決很多問題，一是避免資源的浪費和分散，二則是在計畫無法順利完成時，可以依照順序表去捨棄相對不重要的部分，將那部分延後到之後的部分中，變成下一項計畫裡的強化目標之一，優先完成那些更需要處理的、具有立即性的問題，把失敗所帶來的後續問題降到最低。

❸ 設定合適的目標並擬定對應的策略

企業在訂定目標之前，應該要先進行市場需求評估和同類型競爭對手的營業近況調查，這些是在列出企業的強項與弱項後第一個要完成的動作。

前文在第一個步驟裡先了解自家企業的優劣，是為了要更明

白企業目前的樣貌，而這個步驟中所做的調查，則是為了要了解其他同業競爭者，雙管齊下以完成「知己知彼」這個最重要的任務。在經過完備的調查之後，才能正式開始安排後續、確定要往什麼方向前進，並為了這個大方向設立明確的目標，然後再為這個目標安排合適的策略和行事方針。企業管理者們在規劃有關於企業未來目標的經營戰略時，除了進行大方向的市場調查之外，還要依照自家企業最近的狀態去做調整，將前面的步驟中分析出來的核心優勢和待改善問題都當作參考資訊，與訂好的計畫一一去做比對，確保需要加強的問題和有潛力的優勢都有被顧及到，各方各面都能藉由這些計畫去改善或壯大，實現均衡發展的可能性。

如果在為公司安排新計畫時目標過小，有可能會遺漏掉某些需要被提升的劣勢或者值得深耕、有潛力的優勢面向，這樣會讓可用的資源被閒置，並且讓原本能夠藉由調整計畫去改善的地方停留在原地踏步的狀態，無法獲得最大程度的優化；如果設定的目標過大，現有的資源就會出現不足、沒辦法支撐到所有的計畫完成，那麼某些部分就必須被捨棄、被擱置或者需要延後處理，計畫無法如期完成，就容易導致更多的問題或狀況出現。萬一原本的弱點沒有被新的計畫填補起來，又因為新策略的運行不良而產生出新的問題，那麼這個目標不但沒有任何意義，反而造成了更多麻煩，需要耗費更多資源去將新的坑洞填起來。

只有做好全面的調查作業，在設定目標時也不用過於謹慎及過於冒險，才能真正讓手裡的資源換來更大的收益，以此帶來更多機會，並通過資源利用與回收的過程將劣勢一一補好，進而發展出更多的競爭優勢。

4 核心理念、組織組成模式和規章制度間的配合

如同其中一個木桶原理的延伸理論中所描述，企業要能夠讓所有員工都產生一致對外、共同合作的心態，就必須有穩固的組織結構和核心理念，如果沒有一個大家都認同的信念與目標，就很難將所有人的精神和力量凝聚在一起。

沒有共同的理想，每個人都會傾向以自己的觀點和需求為優先，在一個群體之中，所有人都會更在意這個團體能給自己帶來什麼好處、取得什麼機會，而不是去思考如何造福團隊，以增進團隊利益的方式讓每位成員所能得到的個體利益總和最大化，達成共榮的最佳結果。

建立了一個核心理念，就相當於給了全體成員一個共同的靶心、讓大家面對同一群敵人，這時所有人的注意力都會集中在同一個焦點上，每個人關注並努力的方向是一致的，只要大家都全力以赴，就能用最快的速度去完成共同任務，加上個人利益與全

體利益一致，努力不僅是為了他人，更是為了自己，所以要如何讓任務在所有人的共同合作下最有效率地完成，勢必會是所有人都關心的議題。

雖然私益與全體利益一致時就會是團體動力最強大的時刻，但也有些例外的問題，必須靠組織的特定組成模式去處理。例如：如果群體只有一個管理者，當群體中出現了搭便車心態的成員時，就會因為忙不過來而疏忽，沒辦法及早看出問題並立刻處理，但這種人會為團結的氛圍帶來破壞性的力量，必須趁早解決，避免讓其他原本積極努力的人感受到不公平，而讓熱情被澆息，對於工作也逐漸怠惰，並影響到所有成員。

如果群體中有多個階層的管理者，企業就要訂定具體的賞罰標準，並且嚴格按照規定執行，避免低、中階的管理人員因為偏袒少數成員而用各種方式、各種理由給喜歡的下屬獎勵，讓其他默默努力的人因此而產生不滿，於是就用不配合、混水摸魚的方式以示抗議。

總之，企業的理念、組成模式和規章制度必須要能互相配合、補足不足之處，這樣才能夠確保所有企業內的人員都盡心盡力，讓內部的協作和配合超越完美，以確保公司內部在人力資源的利用上達到最高效率。

5 持續優化和改進

企業對內部的定時監測和自我評估，就像是木桶的擁有者觀察這個桶子是否有受損一樣，企業在長久的運作中，也會因為人員來來去去、合作與競爭對象的不斷改變而有不同程度的問題出現，有時過去被視為的優勢，也可能會因為不同時代的差異而改變性質，變成公司未來發展的阻力。

這就跟木桶原理中的桶子一樣，每塊長木板都可能因為外在的環境或時間的流逝而出現破損，破損的板子會變成短木板或破破爛爛的爛木頭，需要修補以確保木桶的功能和過去一模一樣，不會因為破損就減少桶子的容量，或者失去裝水的作用。定時檢查企業內的每個部分，必須要有一個評估標準，去定義正常運作到底有哪些需要滿足的項目和要素，每一次的評估都要跟著這些固定標準去判斷，一旦在評估後發現了問題，就要立即修正錯誤、補強弱點。對企業內部來說，這個「標準」就是管理者心中的桶子應該要呈現出來的狀態，「保養」會讓這個「大桶子」看起來永遠跟新的一樣，符合管理者對於這個桶子的第一印象。

對一家公司來說，可以做到的優化包含作業流程的調整、提高人員效率的獎勵制度、新產品的研發或加強服務人員的職業訓練等，不管從哪方面去努力，只要能讓組織在競爭中維持領先地位、一直擁有脫穎而出的優勢，就能證明這些努力沒有白費。

木桶原理在企業上的應用就是要明確劣勢與優勢如何影響企業，以此為依據進行資源配置、目標設定、組織結構調整，並一直持續進行優化和改進。這些步驟都是奠定於第一步驟的優劣分析之上，給企業一個「以克服弱點為主導」的發展方向，在逐漸消除缺點的過程中朝向「沒有弱點」的目標努力，當公司的劣勢與優勢逐漸縮小差距時，就能具備多個方向上的競爭優勢，在各種不同的領域中打敗其他企業，取得更豐富的資源。所以，不但要努力克服弱點，以應對與各種強敵間的市場爭奪戰，但同時也要保持對多變的時代所應該具備的彈性和適應能力，才能以更柔軟的方式去包容、應對多變的市場和不斷找上門來的挑戰。

How & Do
7

在教育路上如何弭平短板效應？

★ ★ ★

在教育領域裡，常常會有關於「特別重視優秀學生還是要將重點放在拉能力差的學生一把」的議題討論，這就是對教育者來說最經典的長、短板選擇問題。因為老師的精力和時間都是有限的，要在教育資源有限的狀況下使每個人都可以平均地獲得足夠的教學、得到相等的機會提出問題並獲得解答，這幾乎是不可能發生的事情。而且就算真的想要給所有學生公平的機會，但沒有人能去定義真正的公平是什麼，給了所有人一樣的時間、一樣的教材就能算是「真正的」公平了嗎？但如果按照學生們各自的能力去分配資源，又要如何做到讓所有家長都滿意，不去指責老師「偏袒」特定學生的做法呢？

這個問題一直是教育領域難解的謎題，很少老師願意花心思去處理，他們通常會在上級與家長對於他們的「業績」要求或者對教學的熱情與理想中作出選擇，因此而有不同的做法，以下是比較常見的班級經營者類型：

班級經營者的類型

1 各自安好的老師

這種類型的師長傾向做好自己的本職工作，除了確實將教學計畫的課程內容教授完畢外，他們不會在乎其他的事情，不管是學生的成績優劣，還是學生在某些領域中所展現出來的潛力，對他們來說都沒有意義。他們只希望學生在班級裡不要犯重大過錯、課堂上不要問問題，只要這個班級在其他人眼中過得去、上課內容符合一般的規定和要求即可，這類型的老師與學生間的關係相當淡漠，只求能在彼此間互不侵犯的教學模式下安然度過。

這樣的班級除了老師看起來會特別消極之外，學生也會有類似的態度出現，功課最好的學生上課時會拿補習班的教材出來練習，以改善老師只講課本上的內容，無課外補充教材的問題，課本裡的知識對這類學生來說過於簡單，還不如跟著補習班這種超前進度的校外輔導單位進行學習，或者自己尋找課外資料。

程度中等的學生會跟著老師的進度學習，他們不會主動學習課外的知識，老師教什麼就記什麼，考試時可以拿到基本的課內分數，但無法取得稍微難一點的補充題分數。

成績最差的學生遇到這樣的老師只能直接放棄，因為他們無法聽懂填鴨式教育下死板灌輸的知識內容，但老師面對學生的提問也只會用敷衍的方法回答，所以這群孩子們的疑問會一直存在，導致學習進度就因此而落後，直到再也跟不上其他同學為止。

這樣的教育方式不只放棄拯救「短板」類型的學生們，還無視了「長板」類型學生的能力和學習意願，讓整個班級變成了一盤散沙，就像是一堆沒有被組裝成木桶的木板一樣。

❷ 注重長板培養的老師

這類師長會很明顯的以成績優秀的學生為重，利用重點培養優秀學生的方式，去為自己塑造名師的形象，並靠著這群孩子去拉高班級平均，給所有人一份看起來非常漂亮的「教學成績單」。在這樣的老師所主導的班級裡，很多作業、考卷都會以資優生們的程度去決定難易度，老師藉著給這些學生大量的測驗與解題，讓他們更熟悉各種題型和作答技巧，然後用心地為他們解答。

在這種模式的教育方法中，一定會犧牲掉其他人的利益。被犧牲掉的人跟試卷所對應的程度有著一定的差距，即使不斷努力地做題與檢討，都沒辦法確實地將知識學起來，加上老師把大多數時間都分配給了優秀的學生們，所以其他人能問問題的時間就會變得更少一些，一堂下課可能頂多能弄懂一道題目。這樣的狀

況一直維持下去，就會造成好的更好、差的更差的惡性循環，除非程度一般與較差的學生意識到自己的處境，並積極主動向外求助，否則沒有機會改變被犧牲的處境。

上述兩種狀況，都是直接放棄補救「短板」，老師們也許是選擇把自己從班級這個群體中抽離，以外來者的角度去看學生們自我掙扎；也許是選擇放棄做吃力不討好的事情，把所有的努力與期望放在可以輕鬆看到「投資成果」的成績好的學生身上。無論是做什麼樣的選擇，都無法讓所有人覺得公平，所以老師們這麼做也無可厚非，畢竟用這樣的方式去完成教書育人的工作固然不會有什麼大的成就，但至少能做到無功無過。

想庸庸碌碌過一輩子的老師只要做到上面的程度就足夠了，但如果是有理想、有野心，想在教育界留下一些成就，甚至名留青史的老師，就必須先認清一件事：能夠成為被所有人懷念、被人用偉大來形容的教育者，從來都不是把優秀學生送入名校的老師，而是讓一個被所有人放棄、連自己都不曾對自己抱有期望的孩子看見了希望，並且讓世界因此而

多了一個成功人士、學者、名人等的優秀教師。

有理想、想靠教育改變社會的老師，就應該要將重心放在「短板」身上，靠著成就每一位孩子的未來，對整個世界產生蝴蝶效應，藉此改變現今社會中許多人對自己的未來沒有期待感、人人都想當躺平族的現象。

木桶原理在班級裡的應用

在班級中應用木桶原理，跟企業中使用木桶原理的基本概念一樣，都是補強弱點，但並非完全不關注優勢。改變弱勢孩子的未來，與穩穩地將優秀孩子送入他們本就該到達的高度並不衝突，如果能找出不同程度的孩子更適合接受的教育模式，就能省下很多精力，將重心放在更需要的學生身上。

一般來說，最優秀、成績最好的學生除了對課堂知識有著良好的吸收能力之外，還能夠在有人引導、鼓勵的狀況下學會自主學習，靠著向外尋找課外知識的方式，將每個課內知識段落銜接不全的部分連接起來，並做到舉一反三。因而讓原本無法正確理解的事物變得清楚明白，就能夠有效率地完成學習。

這個引導工作與其他程度的學生需要的事前準備相比，會顯得更簡單一些，所以在資優生身上的時間不需要太多，花太多時

間去安排或干涉他們的學習，只會限制住他們進步的速度，也不必因給他們的時間較少就覺得愧疚，對他們來說，「自主」才是他們需要學習和培養的能力，這會影響到他們在未來的每一個階段中是否能充分地自我安排，並意識到學會自我管理才是對自己的人生負責最重要的第一步。

中上程度的學生對於當前階段的課內知識會有一個基礎的認知，他們能夠靠著這些基礎認知，搭配教育者所提供的、用來輔助的「鷹架」，去學習下一個深度的、他們還不理解的知識與概念。老師們在面對這個程度的學生時，可以適時地去評估這些學生對新知識的吸收狀態，如果他們在作業與測驗中已經表現得足夠良好時，就可以鼓勵他們將原先的輔助移除，然後建立新的鷹架，去學習更難的課內、外知識。

這個程度的學生可以用「鷹架理論」所提供的學習方法去提升程度，老師要做的事情是鼓勵學生做筆記、反覆練習與熟悉課業內容，同時給予定時的測驗，以評估是否要拆掉原先的「鷹架」，建立更難的知識所需的新鷹架。對於他們來說，還是需要老師一定程度上的輔助，才能確實地將知識吸收。對於老師來說，這個程度的學生還是必須稍微關注，可以鼓勵他們對於不會的問題進行提問，並將注意力放在能體現學習成果的測驗上，去分析他們是否已經確實理解現階段的學習知識。

中上程度的學生需要比資優生們稍微多一點的時間，但這些時間可以著重在能力分析上，其他的部分讓他們自主理解，並鼓勵他們在有問題時主動尋求幫助。

對於中下程度的學生來說，他們在過去的學習階段中沒有確實理解所有的課內知識，所以他們對目前所學的知識有較為混亂的認知，這些孩子的腦內知識就像是有缺塊的拼圖，每一個邊角都有較為嚴重的缺漏，導致現階段的學習出現困難。對於這些學生來說，將缺少的知識補強是老師現在應該完成的任務，他們無法主動向老師提出問題，因為這些孩子現有的知識是千瘡百孔、殘缺不全的，簡單來說，就是到處都是問題，沒辦法從裡面挑出一個能夠改變現有狀況的提問。

對於這些學生來說，師長的協助程度和協助方法會帶來很大的影響，老師如果不願意花更多的心力去協助，那這些孩子就很難找到自救的方法，去處理現有的困境。他們需要師長的幫助，反覆複習現在的學習進度，老師們要詳細解釋每個觀念、題目的解題思路，以及對課本中提到的現象、道理和公式等概念重複描述。如果中下程度的學生在有輔助的狀況下出現了比想像中更好的表現，可以試圖把過去的學習階段中缺少的部分補齊，等到能力已經能追上前面的同學時，再開始搭起鷹架，跟隨中上程度的學生一起試著靠自己學習新的知識。但就算進入了中上程度的學

習行列中，老師對於這些學生還是要定期關注，因為他們學習出問題不一定只是因為過去的學習不夠踏實，也有可能是因為自身能力的限制所導致的學習障礙，所以除非他們已經確實擺脫了學習困難的狀態，否則都還是必須定時主動關心，確保萬無一失。

拯救班級中的「短板」

相比前三種程度的學生來說，成績後段的學生是最常被老師們放棄，也最難被救出火坑的學生，把他們成功地從困境中拉出來就是在教育領域中應用木桶原理的主要目標。後段的學生如果被集中分進了一個班級裡，就會被戲稱為「放牛班」。後段程度的學生需要處理的有時已經不僅止於學習障礙的問題了，這群孩子中，有不少人已經進入了自我放棄的階段，他們的狀況就是前面兩種效應所提及的那樣，因為經歷了各種現實的難題而不得不放棄。

在與現實生活的抗爭中敗下陣來、在學習上一次又一次地體會到失落的心情，或者在面對新知識時總會回憶起失敗時的恐懼，讓學生不願意再繼續學習的原因非常多種，但不管是哪一種，都需要花很多心力去解決他們在學習上的阻礙。學習方法不適合而導致的學習問題需要有人陪伴著去引導，因為這些學生可能無法靠著一般的方式去學習，需要另尋途徑去獲得這些必要的知識；因為霸凌、家暴或經濟問題等原因造成的學習問題，就要協助學生向外尋求幫助，不管是移除傷害來源還是補足缺少的資源，都需要第三者的介入，為他們帶來生活上的改變，治癒被隱藏起來的傷害，但不管這些各有不同的障礙來源為何、處理的方式是什麼，都必須在問題來源被處理掉之後完成一個最重要的步驟，那就是讓他們重新燃起對學習的熱情。

要讓一個已經放棄希望的人重新開始是最難的一件事情，因為那些來自無助和自卑的恐懼會在他們即將邁開步伐的時候變成最大的阻礙，即使因為引導者的鼓勵而再次嘗試，只要又遇到無能為力、無論如何掙扎都跳脫不開的情境時，他們就有可能再也無法打開心扉去嘗試克服在學習上的失敗經驗，所以老師要成功協助後段學生回到正軌，就需要更加注意每個學生的心理狀態，避免一個錯誤就毀掉了學生對未來的希望。

要讓後段學生重新開始努力，有一個可以試著參考的做法：先給他們簡單的任務，並搭配一些獎勵引起動力，去完成與課程內容相關的小型作業。比起直接先教知識給他們，再用測驗去評估學習成效的做法，他們更適合先拿到一份難度不高、相對簡單的試題，用開卷答題的方式去完成作業、主動翻閱課本並查詢資料。

簡單的獎勵是引起學習動機的輔助，完成試題則是取得目標必須要完成的任務，試卷中各題的答案是老師想讓學生學習的內容，但這些內容已經不是透過一般的教學法塞給學生，讓學生們被動的進行學習的動作了，為了目標尋找答案，這種查找資料的過程讓知識的吸收變成了主動式學習的模式，此時了解這些知識對後段學生來說被賦予了新的意義，所以能輕鬆引導他們進入學習的狀態。透過主動學習讓學生們取得部分的知識，就像是先給沒有拼圖的學生一個邊框，讓他們去猜測拼圖可能會長什麼樣子，並慢慢尋找符合邊框的每一片拼圖，讓他們主動撿起這些散落一地的碎塊，當這些拼圖放進邊框中，剩下的拼圖就會越來越容易找到匹配的位置，於是知識的拼圖就這樣被逐漸填補起來，直到最終的樣貌呈現在學習者的面前為止。

要讓人看見一個班級的改變、讓班級擁有最好的狀態，就必須從狀況最差的後段學生開始下手，他們是最難處理但也最能使人看出變化的一群學生，如果要說哪些學生能讓人輕鬆地看出一個老師的教學成果，那一定是這些離毀滅邊緣最近的孩子們，資優生的進步空間較小，沒有太多改變的機會，他們已經夠好了，所以就算有進步也不明顯。後段學生只要擺脫了沒有希望的狀態，開始出現進步，就能迅速地吸引所有人的注意力，成為老師在班級中努力深耕的證明。

How & Do
8

從「短板」的困境中自救

★★★

適時發現自己的短板身分

無論是教育者還是企業管理者，都是屬於一個團體中的引導人身分，在一個團體裡，如果這些領導人不願意解決短板帶來的問題，而是傾向發展優勢去面對競爭的話，被犧牲掉的人就會陷入孤立無援的處境中，除非等到下一個領導者的到來，同時這位領導人還願意選擇用木桶原理去領導公司，協助弱勢部門進行補強與發展的工作。但這種做法太過被動，無法靠著自己的努力去改變、控制未來，就像是一種拿自己的人生去做賭注的行為。比起消極等待，還不如主動出擊、做出改變，讓自己變成組織之中最為優秀的長板。

既然是「短板」，就代表一個人或一個部門是整個單位中最為弱勢的存在，會造成這樣的狀況，有可能是因為受到了個人的

能力狀態、公司的發展方向與部門成員間合作的狀況等方面所影響，但無論是因為什麼原因，及時覺察到自己陷入了短板的困境裡，才是開始自救的第一個步驟。

不同於校園中時刻有成績與排名等數據能夠作為參考，已經進入職場的人想要盡早發現短板困境的出現，就必須尋找各種可靠的數據去協助分析，而這些數據不見得會清楚明確、定時定期地擺在所有人面前，所以必須更加主動與積極，去找到可以用來評估的標準，提醒自己要時刻警醒、不能過度鬆懈，避免在不知不覺中變成了拖大家後腿的那群人。

要及時察覺自己或者所在的部門是否已經成為公司裡的「短板」，可以嘗試以下幾種方法去對自己和部門的工作效率進行管理：

1 時常關注業績與各項指標

每個人和部門都會有業績表現上的相關指標，像是銷售數據、市場份額、客戶滿意度和項目執行進度等，這些可以數據化的資料是用來自我評估最好的參考資源，如果發現在這些方面出現了表現不夠理想或與其他部門間存在明顯差距的狀況，就代表著木桶效應已經出現，自己已經成為了拖後腿的短板。

2 接受同事和上級的建議

主動與同事和上級進行交流、尋求大家的意見和反饋，用開放的心態去接受來自別人的批評或鼓勵，才能夠確實地了解並接受自己或部門的強項和弱點，得到來自他人的建議和幫助。這些多元的觀點與評估可以讓人更好地了解自己或部門目前的狀態，以確定現在是否有改變的必要性。

3 接受公司所提供的評估結果

要了解清楚企業目前的整體狀況與自己的具體差距，可以多了解公司內部所提供的評估結果，這些評估內容可能包含：各單位的績效評估、整體發展度評估與針對評估所給出的回饋與建議等。透過公司管理階層所總結出的結果，能夠得到更全面、更完整的分析，這些分析可以在部門所給出的數據上更進一步地提供比較的依據，除了可以讓自己或部門得到主管們在客觀評估後給出的改進建議外，也能更了解上司們想要的發展方向，以及他們希望看到完成後的成果會如何呈現。

4 觀察各種變化和發展趨勢

多注意單位內部與外界的狀態和改變的趨勢，如果發現其他部門或者企業外的競爭對手在發展上取得了重大的突破，或者

開始向其他的領域擴張時，只要自己或身處的部門沒辦法跟上進度，就代表自己是公司在這個階段中的短木板，應該開始找尋解決辦法了。

如果一直跟不上整體的進度，長久下來就會危害到企業的發展機會，這對所有類型的公司來說都是一個很大的威脅，其中又以科技這類發展與淘汰速度都很快的公司為代表，只要其中一個部門出現拖累整體進度的問題，就可能導致一個新的產品失去了最好的銷售時機，損失了一部分原先可能爭取到的客戶，所以在以創新、科技為主的產業中工作，需要比其他人更常關注時事、局勢變化和同產業間的細微改變等，以避免反應過慢，出現一項科技在即將退流行時才注意到它的存在這種令人啼笑皆非的狀況。

5 學習自我反省

維持自我反省的習慣，藉著自發性的自我反思，輕鬆地遠離墊底，讓自己一直保持在一定的位置上。如果等到感覺不對時才進行反省和自我檢視，就容易陷入一種墊底、檢查、改善，然後過一陣子又墊底的無限迴圈中，只要還一直處在這樣的循環裡，就不算是脫離了短板的處境，這樣反而像是另一種樣貌的短板——永遠在業績排名最末位與末位邊緣，最多只做到不墊底，

或者在墊底時才想辦法去改善，這就是最有可能讓一個人成為公司短板的危險心態。

不願成長的人在所有人都明顯成長時就會變成大家的墊腳石，只有經常回顧自己的表現、常態性地去尋找自己的不足之處，並針對現有的問題去提升所需的專業知識和技能，才能在掉入危險的範圍之前就及時進步，一直維持在安全的範圍裡。定期反省並對自己的成長和工作表現適當地進行檢討，這就是有助於及時察覺個人問題並加以改進的最好方法。

擺脫短板的處境

運用上面列舉的方法，可以更容易及時地察覺自己或所屬的部門是否已經變成了公司內部的「短板」，當這種自我評估完成的時候，就可以準備進行下一步，採取相應的措施去處理當下的狀況。如果目前離短板的範圍還算遙遠、不太會拖累整個單位的話，就代表不需要特別加強努力，只需要維持像過去一樣的努力程度，認真地做好自己的份內工作、定時反省，就可以安心地在工作崗位上繼續付出；如果已經接近了墊底的邊緣、變成了公司的短板員工或短板部門時，就必須付出更多的努力，去解決在沒有注意到的時候陷入的吊車尾窘境。

已經變成短板的人想要擺脫這種難堪的處境，可以從以下幾個方面著手：

1 尋求支持和指導，多觀察優秀的人如何做事

多和能提供有效建議、能力出眾並樂意協助他人的上級管理者、同事或相關領域的專家交流，尋求這些人的建議和指導，並且多觀察他們是怎麼做事、怎麼思考的。聽他們說話或者觀察他們做的事都可以帶來寶貴的啟發，試著轉換思考的角度、參考他們遇到事情會怎麼去應對，就能突破原本被限制的思維模式，克服原本難以解決的困境。

2 主動式的積極學習和自我提升

要解決自身的不足之處，就必須要主動尋求外援，靠著對陌生概念或知識的積極學習，就可以不被單一的思考習慣所綁架。吸收各方面的知識、試著將不同領域的觀念和思考模式與自己的專業做結合，就能在工作遇到侷限和困難時靈活切換思路、找出不同的可能性去攻克難題。

可以多參加培訓課程、研討會或工作坊，讓不同領域的專家去引導，更踏實地學習課程中想要傳授的能力，或者盡己所能地大量閱讀，無論是工作專業相關或無關的內容都可以，將自己當成一塊乾燥的海綿，並將知識當成海水一般取之不盡、用之不竭

的寶貴資源去盡全力吸收，當個人內在所儲備的能力與知識量有了大量的增加，在工作上的表現自然會有所好轉。

如果是因為不具備足夠響亮的身分地位或者缺乏可以向他人展示的個人能力，而無法受到他人信任、爭取不到機會的話，就應該主動尋找相關專業的認證考試或參加在職進修班，或是我們智慧型立体學習體系的出書班和公眾演說班，成為講師或出一本書，都是快速建立權威與專業的捷徑，去鍍上別人想要看見的那層「金箔」。

3 尋找更適合自己的機會和職位

可以試著多看看公司內部或外部的機會，有時候在單位內表現不佳，不見得是因為不夠努力，如果將一個人放在錯誤的位置上，不管他再怎麼努力，可能都沒辦法達到公司期待看到的狀態，這就像是把魚放在樹下，要牠在期限內爬到樹頂一樣殘忍。所以當自己在公司裡已經足夠努力，卻還是沒有任何進展的時候，就要考慮從不同部門或其他領域的企業內去尋找機會的可能性，試著找出自己身上的潛力，從沒有考慮過的方向中挖掘、發現自己的可能性，這是在所有問題都已經試圖解決卻沒有獲得改善的狀況下唯一的處理方式。

這個方法適用於單一的成員，但有時候部門內容納了太多

放錯位置的成員，也可能會造成全體工作效率低落但找不到原因的無解難題出現，所以整體業績長期表現不佳的部門可以試著請心理測驗相關的分析師協助，進行全部門的職涯性向測驗，協助所有人了解自己真正適合的崗位和工作，如果有能力，部門主管可以轉介不適合的成員到其他適合的位置，並試著向上級提出建議，在面試者入職前進行統一性的能力測驗，避免同樣的狀況再次發生。

如果是短期內無法離開舊的工作崗位，可能就會需要主動出擊，尋求與他人合作的機會，在公司可接受的範圍內適當地交換部分工作內容，向對方提出自己需要獲得的幫助，以及能夠作為交換的能力和提供給對方的協助，將自己的專長當成是一種資源，利用這份資源與他人交易以取得更好的成績。

4 與同事合作

這個部分提到的合作，不只是因為無法離開目前的工作崗位而找出的應對方式，這裡的合作講求的是日常工作中的合作。與團隊中的同事們建立良好的合作關係，就可以很輕易地達到互相支持、彼此信任的最佳狀態，並且從不同的成員身上學習到不同的新技能，從個體到整個團隊間都能有所進步，成為彼此間在職場中的力量與心靈支柱。

有了對彼此的絕對信任，就能放心地將很多事情託付給同部門的夥伴，當所有人都在不斷的磨合中培養出足夠的默契時，就會更清楚工作要如何進行交接、各自擅長的事務等可以讓團體合作事半功倍的重要概念，這些資訊能讓一個團隊的工作效率與水準突飛猛進，使整體狀態落後於其他部門的團隊出現明顯的改善。

5 維持自信和積極的工作態度

自信和積極是最難維持的情緒狀態，但如果能長期保持這樣的工作態度，就能產生克服困難的勇氣和動力，積極和自信的心理不是靠自我催眠所產生的，只是單純地告訴自己要有信心、要積極努力是沒有用的，這麼做只能維持短時間的正向感，沒辦法燃燒長期維持衝勁的熱情。

要保持積極，就要從工作中尋找能讓自己產生熱情的部分，例如：老師要從教學工作中找到跟學生互動的樂趣、銷售可以試著從成功的經驗中找到成就感，將成功時享受的快樂當作每天工作的目標，努力追求下一次成功完成目標的快樂和喜悅。當一個人在工作時看著、盯著的不是成堆的數據和文件，而是從這些文件中看見背後帶來的成就感，那麼維持長期的積極性和動力就不再是一件困難的事情，想擺脫成為短板的窘境，最重要的一件事

就是保持良好的心態，好的心理狀態是讓動力長久維持的基礎，而從工作中找到喜歡的部分，就是維持好心態的第一個步驟。

6 觀察成功者的策略和失敗者的錯誤示範

在公司或者其他同領域的工作者身上找到成功的案例和模範，就能了解他們是如何克服困境並取得成功的，有時候與其在自己的錯誤經驗中不斷修正、靠著自己像無頭蒼蠅一樣地不停摸索，還不如從他人的經驗中獲得啟發，或者從他人的經驗中避開失敗。

只靠著自己在每一次的失敗經驗中去試錯，是很沒有效率的一件事，雖然自己犯錯的時候也必須記住、立刻修正，但與其等到自己犯了錯誤，還不如在看到錯誤出現之前就提前做好準備，避免讓自己看起來像是一直在犯錯，被人貼上「沒有能力」的負面標籤。多觀察別人的各種經驗，不論是好的還是壞的，都可以在分析後去思考如何複製他人的成功經歷，還有如何避開失敗的狀況，如果能把這些思考都應用於自己的情境中，就可以更快進步，避免成為不斷鬧出笑話的短板人物。

不管是什麼專業、什麼資歷，當一個人或單位變成了吊車尾的短板，就代表著有許多的問題需要解決，或者堆積太久變成了

「頑疾」，所以想擺脫短板的處境需要花費很多的時間和力氣，沒有付出一定程度的努力是很難做到的。要解決這種難題，首先就是要從心態開始改變，畢竟如果觀念和想法沒有改正過來，就容易在解決問題的過程中被困難整垮、打退堂鼓，用積極的正面態度去面對各種狀況，就能夠逐漸擺脫墊底的困境。

如果不想要讓自己陷入必須面對堆積如山的問題的困境中，就要在發現問題時快速地處理掉，盡早改變並主動找出問題才是避免長期處在墊底位置的方法，將目光放在更長遠的理想和目標上，不但可以使人免於成為一家公司、一個團體中的短板，還能比其他人更有成就，永遠領先。

優勢與劣勢的抉擇：木桶原理V.S.長板理論

★★★

發展優勢或者填補劣勢一直都是管理學上的抉擇問題，在某些特定的議題中，會強調強化優勢、讓自己的專長超越所有人，將原本應該分配給其他領域的專注力和精力集中在一項能力的培養上，達到登峰造極的成就；在另外一些議題中則會強調整體性的重要，這些議題更重視整體的平均狀態，認為只有所有的方面都有足夠的能力，才能維持一體性，不讓弱勢去拖後腿、拖累優勢帶來的領先效果。重視一體性的理論就是原始的木桶原理所表達的意義，而著重於優勢發展的議題，則是由木桶原理延伸出來，意義卻完全相反的理論——長板原理。

長板原理假設桶子中大部分的木板都是缺損或本來就比較短的，但有幾塊木板卻比其他的木板要來得長，此時如果想要裝入更多的水，就不可能用一般的方法去盛裝，而是將桶子傾斜或保持平行於地面的狀態，讓最長的板子在桶子最下方的位置，才能讓水流到長木板上面，讓水桶能容納更多的水量。這是由初始的木桶原理延伸出來的一種理論，雖然延伸出來後的意義完全不同，但也有它的道理存在。

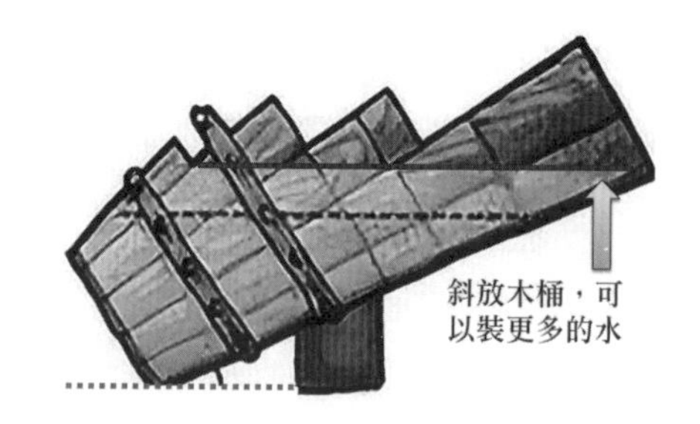

偏科與全才

舉現行的考試制度來說，過去曾經使用過的聯考、學測等制度，都是傾向以初始木板原理進行選拔的方式，注重所有科目加起來的總成績，少有對單科考試成績進行討論的考制，容易犧牲掉嚴重偏科但對於特定領域有特殊長才的學生。

例如：有些學生可能非常擅長物理、化學等科目，他們能夠獨立操作實驗、做統計，在理科上面的天賦遠超一般同齡的學生們，但卻不擅長文科，不論是國文、英文還是社會科都差得一場糊塗， 如果是依照過去的舊有考制，這些學生就會變成第一線被犧牲掉的升學者，就算單科的成績超過大多數的學生，也會因為總分不夠好看而被淘汰掉，得不到進入好學校、接受好資源栽培的機會，這些理科長才的學生或許本來有機會鑽研自己的強項、

畢業後進入相關的單位服務、一展長才，或者成為足以改變世界的優秀科學家、發明家，卻因為相對之下弱勢的能力，因而失去了走向世界級科學殿堂的機會。

或許有些人會認為這些偏科者應該要補強「短板」，讓這些短板變得跟長板一樣優秀，去改善優勢被拖累的狀況，但事實是每個人都有自己的能力極限，對偏科生來說，他們的劣勢科目往往做不到像其他人一樣好。例如：歷史、社會科的偏科者可能會傾向社會脈絡性的思考，他們能夠靠著對不同的故事與歷史事件之間的聯繫去推斷接下來可能會有的發展，對於他們來說，歷史不需要像其他人一樣靠著大量背誦年代與人名去理解，只要有事件的簡單背景介紹，就可以把整條時間線推斷出來。但對於他們來說，數理的思考模式是完全不同的，他們無法理解數學公式與物理、化學的運作模式，因為理科的思考邏輯和人類的社會運作方式是不一樣的，在面對文學、社會這類涉及人類心理思維、交際活動的科目時，他們可以非常快速且有效地理解並將知識吸收，但對於沒有生命和社會活動的科目類別，他們卻是連基本的理解都做不到。

這種人在社會中不算少數，大多數人都會有偏科問題，差別只是在於偏科的程度有多大而已，所以只注重均衡發展、無法顧及特殊領域專家型人物的木桶原理篩選模式對社會來說是不健康的，篩選掉擁有特殊能力的人才，除了對這些學生不公平、可能讓他們在不適合的校系虛度光陰之外，還會對社會造成影響——所有人都被擺在不適合的位置上，社會無法發揮正常的功能、無法有效運作，還有可能會使得屬於某些領域的「長板」被錯放，變成其他工作崗位上沒有任何作用的「短板」。

長板原理之所以會被延伸討論，也許就是為了解決木桶原理無法顧及到的盲點而存在的，是從與木桶原理完全相反的角度去討論問題，用長板原理進行個人安排，就是將個人能力中的最優項目發展到極致，突出強項以取得與個人專長相關領域中的機會，這類的做法已經開始能在各種學校中看見，舉現今常見的數理、語文資優班來說，就是將校內的學生進行第一步的能力篩選、分類，通過選拔的學生就會依照他們的個人能力去重點培養，把專長強化成「專業能力」，使他們能在進入下一個升學階段前就擁有遠超其他人的重點強項。這種做法是為了因應逐漸改變的考試制度而產生的。現行的升學考試中有一種叫做「分科測驗」，就是為了彈性地處理偏科嚴重的學生所面對的升學壓力而做出的改變，也因為這樣的學制變化，才讓許多家長開始願意接受孩子並非全才、每個人的能力總會有限制的事實，於是各種資優班開始被家長們所重視，個人專長培養類型的班級也就越來越多樣化了。

除了針對基本學科而創立的語文資優班、數理資優班之外，還能見到音樂班、舞蹈班或美術班等藝術類專長的重點培養班，這些班級甚至還能在國中和國小等較早期的教育階段中看見，某種程度上證明了長板原理已經逐漸被社會所重視，只要能好好正視個人能力在不同的領域內會有不同的表現這件事，並認清就算有強項也不一定能把所有事情都做到完美，有優點一定會有缺點的事實，就能提早放棄、省下在不擅長的事情上掙扎的時間，讓所有資源都集中在一件事情上，自然能在自己的專長中得到成功者應得的喝采。拿個人與團體相比，注重優勢的長板理論會更適合單一的個體，而需要做到面面俱到、多方考量的團體則可以以短板理論為主，加入長板理論去思考什麼樣的模式會帶來更好的發展。

長板原理應用在企業或團體中，要取得的就是一種類似於田忌賽馬的效果，既然弱項很難補足，要將這些劣勢的項目拉到和最優勢項目一樣的高度非常困難，那不如就將弱項維持在一個不危害公司正常運轉的平衡上，把其他的資源和人力都留給強勢項目，用自家最擅長的部分去應對其他群體所帶來的競爭狀態，超越外來者能爭取到的市場客群。

雖然木桶原理與長板原理是兩個截然不同的概念，但對企業經營上的應用來說，兩者是可以同時並用的，不會帶來互相衝突的問題。木桶原理強調的部分是弱點控制，應用在企業上主要是關注整體效能的狀態，如果一個企業的發展受到最薄弱的環節所影響，就要把限制發展的阻礙移除，此時就會將焦點放在弱點上，將限制整體表現的劣勢視為關鍵因素，此時，企業要關注並補強弱點，才能有效提升整體效能，因為此時影響最大的部分就是劣勢，正好是木桶原理的應用時機。

長板原理對企業的優勢和特點會特別強調，注重突出項目的發展和利用，以創造並加強優勢的方式去應對競爭。此時的企業可能沒有明顯的短板，所以應該要更明確地去發掘自身的核心能力和市場價值，通過將資源集中在優勢領域，提供對這個優勢有需求的客戶更高價值的服務並以此贏得市場上的競爭。

一般來說，木桶原理適用於一個完整的系統之中，而長板理論則適合用在個體的能力探究上。

人的身體是一個大系統，所有的器官都必須是完整、健康的，只要其中一個內臟出問題、無法正常作用，這個人的生活就會大受影響。心臟有問題，就無法正常運動、體驗更豐富的生活；雙腳有問題，活動範圍就會大受影響，無法自由地行動。「健康」的概念必須要包含整個系統中所有器官的完整性，沒有好的心臟，就算手長腳長也無法成為運動員，沒有完整的手腳，就算有一顆健康的心臟也無法成為優秀的短跑選手。

社會也是一個大系統，尤其在傳統交通不便、訊息傳播困難的年代中，如果一個社會中出現了較為弱勢的產業，就容易導致所有人出現生活上的問題。如果一個封閉社會中缺乏了生產糧食的農夫，那麼這個社會中就存在著「食」方面的短板，所有人都必須面對糧食短缺、三餐不繼的問題。當處於系統之中時，人們家更容易想到「這個系統缺什麼」，而不是「這個系統有什麼」，所以在思考時會更傾向找出不足之處加以填補。

而長板理論相較木桶原理，更偏近於討論個人的能力發展，如果要討論一個人的能力、發展方向等，會更多地用長板理論去分析，因為如同前文所述，每個人的能力分布、限制不同，無法像一個企業一樣，缺了什麼就補什麼，對於企業來說，不管缺乏哪方面的人才，都可以通過徵才去補齊，但每個人的能力都是固定的，就算是依靠外力去改變、培養，基因之類與生俱來的要素還是有一定的局限性，是無法改變的，無論再怎麼加強，都有一定的上限。所以比起思考要如何補齊短板、將弱項加強，不如思考要如何讓自己的長板、優勢發展到極致，去填補短板帶來的缺漏。

不管是木桶原理還是長板理論，只要能掌握好運用這些理論的時機，那麼所有的方法都會是好方法。這兩種理論雖然理論上各有適用的方向，但木桶原理不只能用在系統，有時也會被拿來探討個體的部分；長板理論有時也會跳脫出個體的範疇，用於討論系統上的管理方法。

像是著名的田忌賽馬故事，就是屬於經典的跨領域理論運用，田忌的團隊中有三匹馬，足以構成一個極小型的系統，但這個故事一般用在解釋長板理論的重要性之上，極少被人拿來探究木桶原理在這之中如何運作。

萬事沒有絕對的對與錯，沒有人規定偏重系統探討的木桶原理只能用在企業、團隊等系統上，也沒有人規定長板理論只能用於單一個體的評估與生涯規劃上。

企業如果能將重視短板與長板的兩種理論混合應用，在改善短板、加強整體效能的同時如果還能發揮優勢增加個人的亮點或擴大市場占有率、找尋再次向前的突破口，這比起死板的挑選其中一個論點作為管理核心、用教條式的僵化思維去規劃未來的發展方向要強得多，靈活地運用兩種看似相反的管理學理論，有助於更好地適應多變的社會環境和市場生態，從提升競爭力和維持長期穩定的持續性兩方面雙管齊下，讓一個個體或群體能更加出色地存在。

★編輯委員會緣起★

《真永是真》人生大道叢書，精選999個真理、333本書，彙編數十萬種書之精華內容，收錄的是古今通用的道理，談的是現代應用的知識、未來的趨勢……具實用性的人生大道，並融入了上萬本書的知識點、古今中外成功人士的智慧經驗，是跨界整合的知識——涉及了心理學、經濟學、管理學、社會學、賺錢學、創業學、經典文學……無所不包。需要大規模人力編修、資料調研、時事探討、旁徵博引、校對……等，故我司敦請以下各方賢達、專家學者擔任本套書之編輯委員，提供您與時俱進、系統化的真智慧！

編輯委員會名單

「**真永是真**」人生大道，條條是經典，字字是真理！王晴天大師率魔法講盟知識服務團隊精選 999 個真理，打造「**真永是真**」人生大道叢書，每一個真理均搭配書籍、視頻、課程等，並融入了數千本書的知識點、古今中外成功人士的智慧經驗，全體系應用，360 度全方位學習，讓你化盲點為轉機，為迷航人生提供真確的指引明燈！

1	1 馬太效應	2 莫菲定律	3 紅皇后效應
2	4 鯰魚效應	5 達克效應	6 木桶原理
3	7 長板理論	8 彼得原理	9 帕金森定律
4	10 沉沒成本	11 沉默效應	12 安慰劑效應
5	13 內捲漩渦	14 量子糾纏	15 NFT與NFR
6	16 外溢效果	17 槓鈴原則	18 元宇宙
7	19 零和遊戲	20 區塊鏈	21 第一性原理
8	22 二八定律	23 Web4.0	24 催眠式銷售
9	25 破窗理論	26 蝴蝶效應	27 多米諾效應
10	28 羊群效應	29 長尾理論	30 AI & ChatGPT
11	31 天地人網	32 168PK642	33 路徑依賴法則

333 本書
影音視頻
999個真理
Mook 專書
課

……**共 999 則**

真讀書會
生日趴 & 大咖聚

真讀書會來了！解你的知識焦慮症！

在王晴天大師的引導下，上千本書的知識點全都融入到每一場演講裡，讓您不僅能「獲取知識」，更「引發思考」，進而「做出改變」；如果您想體驗有別於導讀會形式的讀書會，歡迎來參加「真永是真．真讀書會」，真智慧也！

2023 場次
11/4（六）
13:00~21:00

2024 場次
11/2（六）
13:00~21:00

立即報名

地點：新店台北矽谷國際會議中心
（新北市新店區北新路三段 223 號捷運大坪林站）

★ 超越《四庫全書》的「真永是真」人生大道叢書 ★

	中華文化瑰寶 清《四庫全書》	當代華文至寶 真永是真人生大道	絕世歷史珍寶 明《永樂大典》
總字數	8 億 勝	6 千萬字	3.7 億
冊數	36,304 冊 勝	333 冊	11,095 冊
延伸學習	無	視頻 & 演講課程 勝	無
電子書	有	有 勝	無
NFT & NFR	無	有 勝	無
實用性	有些已過時	符合現代應用 勝	已失散
叢書完整與可及性	收藏在故宮	完整且隨時可購閱 勝	大部分失散
可讀性	艱澀的文言文	現代白話文，易讀易懂 勝	深奧古文
國際版權	無	有 勝	無
歷史價值	1782 年成書	2023 年出版 勝 最晚成書，以現代的視角、觀點撰寫，最符合趨勢應用，後出轉精！	1407 年完成 勝 成書時間最早，珍貴的古董典籍。

「真永是真」人生大道叢書，將是史上最偉大的知識服務智慧型工程！堪比《四庫全書》、《永樂大典》，收錄的是古今通用的道理，具實用性跨界整合的智慧，絕對值得典藏！

更多課程請洽（02）**8245-8318** 或上 新絲路網路書店 silkbook○com www.silkbook.com 查詢

國家圖書館出版品預行編目資料

鯰魚效應、達克效應、木桶原理 / 王晴天著. -- 初版. -- 新北市：創見文化出版, 采舍國際有限公司發行, 2023.10 面；公分--

ISBN 978-986-271-977-0（平裝）

1.CST: 成功法

177.2 112011052

鯰魚效應、達克效應、木桶原理

創見文化・智慧的銳眼

本書採減碳印製流程，碳足跡追蹤，並使用優質中性紙（Acid & Alkali Free）通過綠色碳中和印刷認證，最符環保要求。
・封面圖片取自網路

作者／王晴天
出版者／智慧型立体學習・創見文化
編輯委員會主任委員／吳宥忠
總顧問／王寶玲
總編輯／歐綾纖
主編／蔡靜怡
美術設計／Maya
台灣出版中心／新北市中和區中山路2段366巷10號10樓
電話／（02）2248-7896 傳真／（02）2248-7758
ISBN／978-986-271-977-0
出版日期／2023年10月

全球華文市場總代理／采舍國際有限公司
地址／台灣新北市中和區中山路2段366巷10號3樓
電話／（02）8245-8786 傳真／（02）8245-8718